POR QUÉ NO TE HAS CASADO... AÚN

La charla que necesitas para tener la relación que te mereces

Tracy McMillan

Traducción de Rubén Heredia Vázquez
y Abraham Vilchis Chávez

Grijalbo

Por qué no te has casado... aún

La charla que necesitas para tener la relación que deseas

Título original en inglés: *Why Your're Not Married... yet: the straight talk you need to get the relationship you deserve*

Primera edición: julio, 2013

Traducción: Rubén Heredia Vázquez y Abraham Vilchis Chávez

Random House Mondadori, S. A. de C. V.
Av. Homero núm. 544, colonia Chapultepec Morales,
Delegación Miguel Hidalgo, C.P. 11570, México, D.F.

www.megustaleer.com.mx

Comentarios sobre la edición y el contenido de este libro a:
megustaleer@rhmx.com.mx

ISBN 978-607-311-691-6

Impreso en México / *Printed in Mexico*

ÍNDICE

CUESTIONARIO
O 38 RAZONES POR LAS QUE PODRÍAS NECESITAR ESTE LIBRO

Contesta con toda honestidad. Si no estás segura, repítete que está bien y contesta la siguiente pregunta.

Verdadero o falso

1. A veces me pregunto qué tiene de maravillosa una relación.
2. Mi actividad preferida es tener la razón.
3. Realmente quiero ser amada por lo que soy.
4. Paso tanto tiempo en el trabajo que he pensado en pintar a mi gusto mi cubículo.
5. La gente agradable realmente me exaspera.
6. Tengo más de dos ahijados. (Suma un punto por cada ahijado adicional.)
7. Las apariencias no importan, a menos que alguien sea pobre o estúpido.
8. Tengo estudios avanzados en un campo en el que no hay trabajo.

9. Nunca he engañado a nadie, nunca... excepto por aquella ocasión.
10. En cuanto a la maternidad, mi edad se encuentra entre el "me vale madres" (MVM) y el "puta madre" (PM).
11. Los hombres se enamoran por medio de su cosa.
12. He husmeado el teléfono celular o computadora de un hombre.
13. Me he reenviado correos electrónicos o textos desde el teléfono celular o computadora de un hombre. (Suma tres puntos.)
14. Me he aparecido sin avisar en el lugar de trabajo de un hombre.
15. A veces me pregunto cómo construyeron la Gran Muralla China sin ninguna de mis sugerencias.
16. Me han dicho que soy demandante. Era mentira.
17. He terminado una relación por medio de un mensaje de texto o correo de voz.
18. He visto la foto de un hombre en internet y realmente he sentido que me iba a casar con él. (Si de hecho sí te casaste con él, suma 10 puntos.)
19. Estoy segura de que soy psíquica.
20. Si sumara todo el tiempo, he asistido a terapias por más de cinco años.
21. Estoy suscrita a *Us Weekly*. (*In Touch*, suma cinco puntos. *The Oprah Magazine*, suma ocho puntos.)
22. Suelo jurar que voy a dejar de hacer algo tan pronto como aparezca mi marido.
23. Dejar ir está sobrevalorado. Me gusta aferrarme a las cosas.
24. Me gusta salir con tipos con mejores trabajos, apariencia o familia que los míos.

25. A veces siento que estoy gorda, soy fea o tonta; pero yo no tengo una autoestima baja.
26. Mi librero está repleto de libros de autoayuda.
27. Ya leí *Crepúsculo.* (Si lo terminaste, suma tres puntos. Si compraste boletos por anticipado, suma siete puntos. Si pernoctaste en el cine para conseguir boletos, suma 23 puntos.)
28. He tratado de bailar *Single Ladies* al menos una vez.
29. Investigo el signo astrológico de un chico durante la primera semana.
30. Sé lo que es zabasearch.com.
31. Le he mandado a un hombre un correo electrónico coqueto, un mensaje de texto o un animal de peluche en una taza de café, aun cuando, técnicamente, no estábamos saliendo.
32. Mi papá era un mentiroso, infiel, apostador, criminal o cualquier otro tipo de patán.
33. Mi mamá era alcohólica, depresiva, histérica, maravillosa o muy bien vestida.
34. Mis hermanos eran mejor parecidos, más listos, atléticos o el tipo de personas a las que les gusta sentirse superiores a uno.
35. El perro de la familia era un pervertido o tenía otros problemas psicológicos.
36. Tengo escogidos los nombres para mis hijos. (Si es Bella o Edward, suma 12 puntos.)
37. Estoy soltera y no sé por qué.
38. El matrimonio es estúpido. Y los hombres son basura.

Suma tus puntos

Un punto para cada respuesta "verdadera", además de los puntos extra que se indican. No hagas trampa.

Uno-nueve puntos: tal vez necesitas este libro

Pero estás segura de que ya sabes todo lo que dice. Así que dale una leída rápida y después hazle un favor a tu mejor amiga, hermana, amiga-adversaria o compañera de trabajo y cómprale un ejemplar. Dile que piensas que es una completa babosada, pero que era tan boba que tenías que dársela. Sugiérele que cuando acabe de leerlo, pueden verse y reír de lo equivocado que estaba el libro. Cruza los dedos para que aprenda algo nuevo.

10-19 puntos: necesitas este libro

En el mundo de la medicina, existe un "bien bien", y después un "bien, pero tendrás que cuidarte". Tú eres esta última. No es que nunca encontrarás una relación satisfactoria si no descubres qué pasa contigo, sino que la encontrarás más rápido si lo descubres. Y como una infección micótica, cuanto más esperes, empeora más. Sólo tienes que saber a qué tipo(s) de infección te estás enfrentando. Para cuando hayas terminado el libro, lo sabrás.

20-29 puntos: realmente necesitas este libro

Tu vida amorosa es como la víspera de Año Nuevo en la Gran Manzana al final de un año que estuvo lleno de comida, bebida y cigarros. Estás exhausta. Nadie dice que no te hayas divertido, pero estás aliviada de que el año se termine para que finalmente puedas tomar decisiones nuevas y te entretengas rompiéndolas. Para ti, este libro es como el 1 de enero: una oportunidad para empezar de nuevo, y en esta ocasión hacerlo bien. Y si estás preocupada por descarrilarte, no lo hagas. Porque lo que aprenderás en este libro es que tú eres el vagón.

MÁS DE 30 PUNTOS: EN SERIO, EN VERDAD NECESITAS ESTE LIBRO

A estas alturas sabes que algo anda mal en tu vida amorosa. Lo que no sabías es que nada en tu vida amorosa está funcionando. Pero no desesperes. Trabajarlo será mucho más fácil de sobrellevar que lo que estás haciendo ahora, lo cual es tratar de negarlo. Es algo muy difícil.

INTRODUCCIÓN

Durante todos tus veintes estuviste bien, trabajando, comprando, emborrachándote los fines de semana y teniendo sexo con tu novio (o quien fuera), y no necesariamente en ese orden. Después algo sucedió. Tal vez otro cumpleaños. Una separación. La boda de tu mejor amiga. De pronto ahí estabas: caminando por el pasillo, vistiendo algo un poco decente comprado en J. Crew y que podías combinar con un lindo par de botas y una chaqueta de mezclilla. Mientras caminabas hacia el altar, mirando al novio que no era tuyo (no es que quisieras ese novio en particular), te encontraste por primera vez pensando en algo (¿sentimientos?) completamente disparatado: ¿por qué no estás casada? ¿Por qué ni siquiera estás cerca de casarte?

Intelectualmente, sabes que no tiene nada de malo no estar casada, pero ¿entonces por qué sientes que sí hay algo malo?

Como si el tren de la vida estuviera listo para dejar la estación y tú te encontraras atorada tratando de comprar un boleto en una taquilla que no funciona. Sigues pasando tu tarjeta de crédito, pero no sucede nada.

Comienzas a preguntarte si estás en Europa, donde tu tarjeta necesita tener un chip mágico para funcionar.

El propósito de este libro es ayudarte a hacer algo que (si eres como muchas mujeres que conozco) podría dolerte, incluso admitir que quieres hacerlo. Y ese algo es casarte.

Pero vamos a poner algo en claro. No es un libro para encontrar a un hombre. De hecho, difícilmente se trata de hombres. Porque casarte (como quizá ya te habrás dado cuenta) no tiene que ver con encontrar un hombre. Hay millones de hombres allá afuera. La pregunta es: ¿cómo es que no te has casado con ninguno de ellos?

Éste es un libro acerca de ti. Sobre el tipo de mujer que eres. En específico, si eres el tipo de mujer que está lista para casarse. Y si no lo eres, cómo puedes serlo. Naturalmente, tal vez piensas que ya eres esa mujer. ¿Quién no pensaría eso? Pero una de las ideas detrás de este libro es que puedas mirar con honestidad dónde te encuentras (bueno, una mirada mejor y más honesta) para realmente evaluar lo que podrían ser tus rasgos negativos y cómo te están deteniendo. Es poco probable que estés haciendo todo mal. Pero también es poco probable que estés haciendo todo bien. Sólo si aceptas buscar en tu alma y mirar con compasión lo que encuentres ahí, te hará crecer como persona y, como resultado, estar lista (o más lista) para casarte.

La premisa aquí es que el matrimonio tiene que ver con el amor. No el tipo de amor que sentirías si estuvieras en un anuncio realmente asombroso de Banana Republic. El tipo de amor en el que corres un riesgo, dejas tu ego de lado, bajas tus defensas y decides amar a un hombre por lo que es, no por lo que esperas de él; incluso si lo que esperas de él es amarlo. (Y, por supuesto, matrimonio y un bebé.)

Es tan simple como esto: si no estás casada y quieres casarte, tienes que expresar más amor. No conseguir más amor.

Exprésalo. Siéntelo. Vívelo. Velo en todas partes. Como dijo Madonna (ya sé que es cursi), *se trata de abrir tu corazón.*

Anillos dorados y pistolas

¿Quién soy y por qué deberías escucharme? Bueno, primero que nada, no soy la experta que hizo todo bien en las relaciones y ahora va a mostrar unas inscripciones doradas con información sobre cómo casarse. Por el contrario. Soy (era) un desastre real tratándose de relaciones; pero he trabajado mucho para sanar. Un tipo de Robert Downey Jr. en versión femenina (si los hombres fueran *crack* y los anillos dorados pistolas) que finalmente tocó fondo.

Durante los 10 últimos años he sido una especie de terapeuta, *coach* del amor y patrocinadora de relaciones casuales. Mis "prácticas profesionales" se han llevado a cabo en la nevera, la cafetería o el tocador de mujeres, usualmente cuando debería estar haciendo mi trabajo. (Soy escritora de cine y televisión, y antes de eso escribí el reporte del clima durante 15 años.)

No es que saliera buscando "clientes". Ha sido más como si ahondara en todo tipo de asuntos para evolucionar (realmente necesito evolucionar), e invariablemente me encontrara con lo que había aprendido, mezclado con mis observaciones sobre las personas y mis experiencias en las relaciones. Conforme pasaron los años, casi para mi sorpresa, comencé a ayudar a las personas. Nunca olvidaré la vez en que caminaba en un gran centro comercial en Beverly Hills y me topé con una chica que conocía. Me detuvo con entusiasmo y me contó que había aprendido algo muy agradable de una conversación que habíamos tenido hacía dos años en una cafetería. Y ahora vivía con un gran chico a quien amaba. ¡Qué bien! Realmente estaba feliz por ella y me alegraba saber que había hecho algo por el planeta de una forma pequeña. (Lo esencial de esa conversación en la cafetería se convirtió en el capítulo 9.)

Ése fue el primero de varios encuentros parecidos. Desde ahí, he ayudado a muchas mujeres a ponerse en camino al altar; no porque les mostrara cómo encontrar un chico, sino porque las ayudé a cambiar su perspectiva de qué es ser una mujer. Eso cambió lo que pensaban sobre sí mismas y la manera en la que se movían por el mundo, y lo siguiente que sabía es que caminaban hacia el altar.

También soy la madre de un adolescente. Lo he dicho antes, y lo diré de nuevo, los muchachos de 14 años son la versión protozoaria de un marido. Suelo invitar a casa a mis amigas solteras para que tengan una idea clara de lo que son los hombres. No es que los hombres sean inmaduros. Es que tienen una parte dentro de ellos que concuerda con una parte dentro de mí que nunca dejé en noveno grado. Y para amarlos (amarme), voy a tener que ser realista sobre esa parte.

Y he aquí algo más sobre mí:

Me he casado, y divorciado, tres veces. (Sí, tres.) Una en los ochenta, una en los noventa y una en la primera década del siglo XXI.

De alguna manera también me las arreglé para tener tres parejas con las que viví y cuatro relaciones menos importantes, con hombres increíbles que no pudieron o no quisieron amarme. Era una chica ocupada.

En mis tiempos de citas (y matrimonio) arruiné tantas relaciones y perseguí a tantos que no valían la pena, que he aprendido mucho sobre lo que funciona y lo que no. Ahora soy como una abogada penal que ha trabajado tanto en su caso que puede ayudarte con el tuyo. Sé lo que estás haciendo mal.

Porque yo lo he hecho. Y soy la primera en admitir que tengo un historial muy comprometedor en cuanto a matrimonios se refiere.

Casarse, sin embargo, es otra historia. No me preguntes por qué, pero atraer hombres que estén dispuestos a casarse conmigo, o al menos cohabitar, es como mi superpoder. (Hablar mucho queda muy cerca, en segundo lugar.) He pensado bastante en esto y he llegado a la conclusión de que, aunque soy dulce y leal, y puedo estar segura de que un hombre jamás se aburrirá conmigo, no tengo nada de especial. Allá afuera hay mujeres que son mejor partido que yo, pero no tienen ni un tercio de lo que he vivido.

Creo que mi éxito en esta área se centra más en mi capacidad de avanzar y escoger hombres que están dispuestos a aceptar compromisos. Así como —y esto es muy importante y a veces más difícil— la capacidad de dejar ir a hombres que no eran los elegidos.

No merezco todo el crédito por ello. En parte creo que se debe al hecho de que crecí en hogares adoptivos. Me inicié en el mundo de las citas con un objetivo: evitar hombres que me abandonaran. Si estuviéramos hablando de los presidentes de Estados Unidos, yo preferiría al gentil y serio (y lujurioso sólo en su corazón) Jimmy Carter; los Bill Clinton del mundo pueden irse a tocar el saxofón a la cama de otra chica. En mi mente, la única cosa peor que tener una cita con un chico como ése, sería casarse con él, y yo sólo quería casarme.

Voy a detenerme justo aquí. Apuesto que estás preguntándote cómo terminé caminando hacia el altar en varias ocasiones antes de encontrarme al elegido. Muchas personas creen que me casé con hombres malos o que estoy amargada por haber tenido tres divorcios. Ninguno es el caso. He aquí un breve recuento.

MARIDO #1. El segundo chico con el que me acosté, con el que salía a los 17 años (para su mérito, le mentí; él pensaba que yo tenía 19 años) y me casé (en un bote) después de un cortejo muy razonable de dos años. Era 10 años mayor que yo, con un MBA y un gran empleo en una compañía en la lista de *Fortune 500* (donde todavía trabaja, por cierto, 28 años después); en otras palabras, un gran hombre de una gran familia. El único problema era... yo. Era demasiado joven para hacer y mantener ese tipo de compromiso.

MARIDO #2. Trece años después llegó Dan; era una persona muy agradable que conocí en el trabajo y era hijo de un ministro. A los seis meses de nuestra relación, a los 31 años, me di cuenta de que estaba embarazada. Como quería desesperadamente tener el tipo de familia que había soñado de niña, sabía qué hacer (comprometerme), pero no sabía cómo hacerlo. Como no fui capaz de sobreponerme a toda una vida de abandono programado, después de tres años de matrimonio hice lo que parecía normal: me fui. Está bien, sólo me mudé a menos de cinco kilómetros de distancia, pero aun así lo hice. Simplemente no pude tolerar el tipo de cercanía que se crea cuando se está casada con un hombre estable y amoroso. No es una excusa, sólo es un hecho. Ahora somos candidatos para el salón de la fama de la paternidad compartida, o deberíamos serlo si hubiera un premio así.

MARIDO #3. Finalmente llegó Paul, con quien me casé a los 40 y me divorcié a los 41 años. Era el tipo que había estado buscando toda la vida (estaba, en una sola palabra, realmente atraída por él) y lo que encontré es que, algunas veces, "alma gemela" es otro término para "voy a abrir tus heridas más profundas de la niñez". No lo sabía, pero Paul tenía las mejores cualidades (y las peores) de mi padre; un tipo para quien seducir mujeres era más que un pasatiempo, eran sus vacaciones. A los ocho meses de casados, Paul decidió empezar a salir con una chica de 21 años, así que, sabiamente, le pedí que se mudara.

Fue un periodo doloroso, muy doloroso, en mi vida, para mi hijo y para mí; pero también, de una manera muy especial (y emocionante) en la que la vida funciona, tener esa relación me liberó. En verdad, *me liberó.*

Después de pasar por relaciones enteras obsesionada con mi deseo de encontrar cierto tipo de hombre (emocionante, sexy y [sí] no disponible), ahora sé de primera mano cuál era mi versión de Mr. Big: angustia. De hecho, la queja de mi jefe sobre *Sex and the City* es que hace parecer deseable una relación con Big o, de hecho, factible, cuando en realidad un hombre es sólo eso: una fantasía. Pregunta a cualquier drogadicto: tratar de escapar de la realidad día y noche no sólo se consume tiempo, es una agonía. De otra forma, amiga, todos estaríamos haciéndolo.

En breve, mis matrimonios "fallaron"; de hecho, "colapsaron" lo define mejor; por una simple razón: todavía no era la mujer adecuada para un matrimonio.

AH, ASÍ QUE ES ESO

Está bien, si todavía sigues aquí, quiero darte la bienvenida a mi divertido, de autoayuda, de hermana mayor, de mejor amiga, de guía espiritual y sensato punto de vista sobre cómo amar más y mejor. Los principios de este libro tienen el poder para cambiar tu vida. Para cuando hayas terminado de leerlo, te sentirás con más esperanzas de las que has sentido en años, porque verás que lo que sucede contigo puede arreglarse si estás dispuesta a lidiar con ello.

Hay 10 capítulos, uno para cada forma en la que puedas estar saboteando tus relaciones. Simplemente recomiendo leer el libro una vez con la mente y el corazón abiertos. Después regresa al capítulo donde creas que tienes trabajo por hacer y pasa una semana pensando en las ideas de éste.

Practica haciendo los cambios sugeridos. Después lee otro capítulo o área donde hayas identificado un problema. Con el tiempo, incorpora estas nuevas formas de pensar sobre ti cuando se trate de amor y relaciones. No es una carrera. Ni siquiera un maratón. Es una agradable y larga caminata en un día de otoño. Podría haber algunas pendientes, pero sobre todo debes relajarte y disfrutarlo. Así es el trabajo de la vida.

En cada uno de los capítulos se abordarán los problemas principales, tales como "Eres una bruja". Después explicaré el encabezado para examinar lo que veo como el asunto de fondo en la sección que llamé "De qué se trata realmente". Cada capítulo también incluye "Notas de mi vida", las cuales son momentos especiales y no tan especiales de mi propia historia, cuando eché a perder algo, de la misma forma en que tú puedes estar haciéndolo. Así como una parte llamada (por ejemplo) "Por qué Lisa no se ha casado", para que puedas ver cómo otras mujeres perfectamente normales también cometen errores. Esto te ayudará a ver lo que haces, porque es más fácil identificar un problema cuando lo notas en alguien más.

Cada capítulo también incluye "Algunos factores relevantes sobre los hombres", donde comparto lo que he aprendido sobre ellos a través de los años. Creo que ayuda saber que los hombres no te hacen *a ti*, lo que sea que estén haciendo; sólo lo hacen y tú te encuentras por casualidad ahí. He descubierto que saber esto me ayuda a no enojarme tanto con ellos.

Después de todo, vamos a ver las soluciones en una sección llamada "Cómo vas a tener que cambiar", que no tiene nada que ver con maquillarte, arreglarte el cabello o merodear la sección de comida congelada y otros lugares donde los hombres abundan, sino con cambiar tu forma de pensar acerca de ellos, el matrimonio y tú misma.

Después, porque el cambio es difícil (si no lo fuera, todo el mundo lo haría), seguimos adelante con "Asuntos espirituales que te ayudarán a cambiar". En esta sección, como lo promete el título, abordo el problema de manera espiritual (no te preocupes, no voy a tratar de convencerte de algo), y voy a darte las herramientas para que hagas ese cambio. Por último, pero no menos importante, redondearemos cada capítulo con "Lo que tu mejor amiga (o mamá, compañera de trabajo o ex novio) sabe pero no te dice", lo cual es lo que la gente que te ama te diría si tuviera las agallas para hacerlo. En lugar de eso, lo estás escuchando de mí, una extraña, a pesar de que sabrás varias cosas bochornosas sobre mí al final del libro y quizá me juzgarás igual que lo haces con tus amigos. Por lo cual espero, al menos, que consideres invitarme a tu boda.

Te lo advierto: cuando todo esté hecho y dicho, voy a proponerte algo completamente estrambótico. Voy a proponerte que te consigas un dios. Espera, regresa. No tiene que ser un tipo con barba que habite en el cielo y esté en una gran iglesia con el techo pintado, sino que necesita ser algo, lo que sea, que no esté en tu mente o esté diciéndote cosas. Un lugar más allá de la razón y del intelecto puro. Porque, como dije, el matrimonio, a la larga, es un viaje espiritual. Incluso para chicas como tú.

La cuestión de fondo es que el matrimonio es una oportunidad a largo plazo para practicar cómo amar a alguien, incluso cuando sientes que no necesariamente lo merece. Y amar siempre es un acto de naturaleza espiritual porque la gente tiene defectos y es difícil amar los errores. Puedes apoyarte en el hecho de que, la mayoría del tiempo, un hombre no hará lo que quieres que haga. Pero porque lo amas de cualquier modo (ya que has resuelto transformarte en alguien que en la práctica es amable, profunda, virtuosa, honesta, generosa y, sobre todo, se acepte a sí misma) te darás cuenta de que estarás experimentando lo que deseabas: amor.

Y no me sorprendería si terminaras casándote.

1. ERES UNA BRUJA
O CÓMO LA IRA Y EL MIEDO TE IMPIDEN CASARTE

1. ¿La gente a tu alrededor te trata con pinzas, y como que te gusta?
2. ¿La idea de que tienes que ser amable con un hombre, te enoja?
3. ¿Tus ex novios han sentido que estabas a la defensiva o era difícil acercarte a ti?

He aquí el problema: la mayoría de los hombres quieren casarse con alguien que sea amable con ellos. Amable incluye sexo y, ocasionalmente (pero no al punto de la opresión de cualquier tipo), cocinar, doblar la ropa o hacer algo que a él le da flojera hacer. Sólo porque lo amas. Eso es lo que significa ser amable.

¿Así eres? Si mi pregunta te ofende, la respuesta probablemente es que no.

Pero eso no te convierte en una bruja. Lo que te hace una bruja es que te enojes con un hombre porque te pida eso. Ser una bruja es sentirte superior a los hombres (y a las mujeres que los quieren), torcer los ojos sin darte cuenta y tener la boca muy tensa todo el tiempo. Es irradiar algo que hace que las personas se sientan un poco asustadas por ti.

Y no sólo no te importa; si eres honesta, muy honesta, tienes que admitir que te gusta. Sólo un poco.

Eso es ser una bruja.

Ser una bruja tiene que ver menos con personalidad y más con una energía. En sí mismo, no hay nada de malo en eso. Todas tenemos una bruja interna y es una poderosa aliada que nos protege de ser explotadas. Pero la mayoría del tiempo en las relaciones, como en la vida, tienes que mantener tu arma enfundada. Lo que quiere decir que hay un tiempo y un espacio para tu bruja; digamos, en una negociación difícil o cuando te amenazan, pero no en una cita. Y no sólo porque es jueves.

Desafortunadamente, la energía brujesca es desestresante y común entre las mujeres solteras. Tal vez sea porque en algún momento ser una bruja se volvió sinónimo de ser moderna. Cuando estaba madurando, en los ochenta y noventa, era algo de lo cual estar orgullosa. Incluso había bromas en que la palabra era un acrónimo para frases como "bebita rige ufana el jacal, amor" y "basta que rías y en una jaula amaneces". Ser una bruja era reclamar un lugar en la sala de juntas y en la recámara. Era un ajuste de cuentas por todos los años de opresión masculina. Era justo. Era vigorizante.

Pero cuando se trata de tener citas y casarte (y, para el caso, ser madre), tener el control total, querida, es una gran desventaja. De hecho, para casi todos los hombres, y mujeres, tener el control es un rompeacuerdos. ¿Quién en su sano juicio quiere casarse con alguien que quiere todo el control?

De qué se trata realmente

Cuando digo que eres una bruja, lo que quiero decir es que estás enojada. Ya sé que tal vez creas que no estás enojada.

Piensas que eres tan lista (o si has ido a varias terapias), que estás poniendo límites, o quizás eres una curiosa intelectual y te gusta debatir mucho. Pero la verdad es que estás más que enojada. Con tu mamá. Con la farmacéutica. Con Sarah Palin. Pero, sobre todo, tal vez con los hombres. Estás enojada porque pueden lastimarte, porque tienen el poder de rechazarte, porque parece que prefieren niñas de 23 años en lugar de una mujer poderosa y encantadora como tú.

Al menos eso es lo que te dices. Pero, en mi experiencia, los hombres no ponen atención en lo poderosa o lo encantadora que seas. A lo que le ponen atención es a lo emocionalmente inestable, molesta, temible, amarga, fría, y sobre todo, incapaz de amar que eres.

La ira femenina aterra a los hombres. No van a decirte eso porque la mitad del tiempo ni siquiera lo saben, al menos no conscientemente. Pero después de tener un hijo, puedo ver claramente cuánto poder tiene la mujer sobre la vida de un hombre, y cómo nuestra ira (y no me refiero a la ira de "levanta tus calcetines"; me refiero a la ira de "así soy y no me importa") los afecta en un nivel muy profundo. Para empezar, cada hombre tiene una madre, ¿verdad? De la misma forma en que las mujeres tenemos que lidiar con los requisitos que nuestros papás pusieron en nuestras relaciones, los hombres tienen que lidiar con sus madres. Pero a la décima potencia, porque durante los primeros años de su vida esa mujer era la fuente de todo para ellos: amor, frustración, regaños y galletas. No hay manera de sobrestimar el impacto de la madre de un hombre en su psique. No hablo de su madre en particular, me refiero al hecho de que sólo tiene una. ¿Y qué tal el hecho de que vivió dentro de su cuerpo? En verdad. Cuando piensas en ello es muy extraño.

Por esta razón, las mujeres tenemos que ser muy conscientes de cómo expresamos nuestra ira. (De la misma forma en que los hombres deberían ser más conscientes sobre cómo expresan la suya.) Sé que parece injusto que tengas que lidiar con el miedo y la inseguridad de un hombre para casarte, pero de hecho es maravilloso, porque tratar con los miedos e inseguridades de un hombre es gran parte de lo que harás como esposa.

Y no lo digo para menospreciarlo. Es lo mismo si quieres ser mamá: tendrás que tratar con los miedos e inseguridades de tus hijos. Si quieres tener empleo, tendrás que tratar con los miedos e inseguridades de tu jefe. Si quieres ser una amiga, tendrás que...

Bueno, entiendes, ¿verdad? Vas a tener que controlar tu ira.

NOTAS DE MI VIDA COMO ESPOSA

A los 20 era una jóven bruja casada. La gente solía decir que conocía mujeres brujescas que estaban casadas, y puedo probarlo, porque era una de ellas. Pero en mi experiencia los buenos matrimonios tienen una calidez amorosa y una adoración entre la pareja que falta en los matrimonios en que la mujer es una bruja. (Estoy segura de que también falta en los matrimonios en que el hombre es un patán.)

Yo no era pura maldad. Tenía una charla entretenida y el gusto por la aventura que generalmente mantiene las cosas interesantes. Pero también era una persona que no ponía muchos límites en su propio comportamiento. Les faltaba al respeto a otras personas mientras fingía que no estaba haciéndolo. Perdonaba a la parte de mí que se sentía capaz de hacer del mundo lo que quisiera, incluso si era a costa (emocionalmente) de otras personas.

En corto, era una bruja. Y he aquí lo que hacía:

1. Era controladora. Ésta es el arma más poderosa en el arsenal de una bruja. Con ella te aseguras de que nadie haga algo que no te gusta, y lo haces anticipándote. Y la manera

¡SONRÍE!

¿Sabes por qué dicen que los hombres son criaturas visuales? Bueno, eso no sólo significa que prefieren ver porno en lugar de películas eróticas. También significa que recolectan mucha información de ti por medio de su vista. Lo que significa, y sé que suena extraño pero es importante, que tendrás que ser consciente de tus expresiones faciales y lenguaje corporal. Algunas de mis amigas más brujas no tienen idea del semblante que transmiten con su cara. Si lo supieran, ¡de seguro querrían cambiarlo!

Tienes que pensar en tu cara y porte como expresión visual de tus pensamientos y sentimientos. Si sueles pensar mientras te sientes enojada, criticona, estresada, eso se reflejará en tu cara. Podrías manifestarlo apretando mucho la boca, teniendo una mirada desaprobadora, torciendo los labios, agarrándote los codos o cualquier otra expresión corporal que diga algo que no quieres transmitir.

Por suerte, hay algo muy fácil para empezar a combatirlo: ¡sonríe! Y lo digo en serio. No sólo alegrarás el día de todos los que están a tu alrededor; también te hará sentir mejor.

Y te hará mil veces más atractiva.

en que lo previenes es haciendo que todo el mundo te trate con pinzas. Me estresaba justo cuando alguien trataba un tema que no me gustaba, después hacía caras (y sonidos si era necesario) para mostrar mi desagrado. Cualquiera que me conociera por más de seis meses sabía lo que eso significaba y se alejaba.

En poco tiempo, las únicas personas que quedaban eran las que hacían lo mismo que yo, lo cual me llevó a pensar que era una agradable mujer joven, cuando, en realidad, no lo era.

2. Era manipuladora. Ser manipuladora es la manera invisible de hacer que la gente haga lo que tú quieres sin dejar evidencia. Requiere habilidades como hablar "casualmente" a tu pareja sobre otras personas... mientras dejas en claro las cosas que no te gustan de los otros. Comportamientos con los que, por casualidad, has estado molestando a tu pareja todo el día, la semana o el mes, y te gustaría que dejara de hacerlos de inmediato. Si eso no funciona, también están la culpa y las amenazas, con las que sólo le dices al otro que si sigue haciendo lo que no te gusta, te va a dar cáncer o lo dejarás.

3. Era engreída. Mi actitud era: "Nadie hace bien las cosas por aquí. Punto".

También pensaba que era mejor que otras personas, lo que prácticamente no necesita decirse. Si esto te gusta, sabes quién eres.

4. Era rencorosa. Si me hacías algo, o si percibía que me habías hecho algo, no dudaba en tomar represalias. El contraataque podía ser que recalcara las cosas que dijiste ayer o bajarte los ánimos para que no sintieras tanta confianza o (mi preferido) darte una lección. Argh.

Si ésa no es una lista de cualidades que alguien querría en una esposa, ¡no sé qué sea! Sobre todo, debía tener la razón. Porque lo que quería, más que otra cosa, incluso más que ser alguien amorosa, era dominar a mi esposo. Lo cual puede parecer irracional, pero no tanto. Tenía miedo de ser vulnerable. Había algo en dejar a una persona, ese hombre, tener control sobre mí, que está relacionado con ser un esposo, que no podía soportar.

O, mejor dicho, iba a soportarlo poniéndome un par de largas botas de charol y cargando un látigo de dominatriz que podía tronar cuando quisiera. Y cuando piensas sobre cuán asustada estaba, tiene sentido que me comportara de esa manera.

Por qué Leanne no está casada

Mi amiga Leanne tiene otra variante de ser una bruja, lo cual se manifiesta principalmente a través de su lengua muy afilada. No parece entender que los hombres son criaturas que tienen sentimientos. A veces quisiera poder videograbar a Leanne y mostrárselo, porque lo que dice Leanne se parece más a los sermones de otra mujer. Si lo viera, podría enfermarse, pero al menos empezaría a comprender lo que sucede en sus relaciones con hombres y cómo la perciben.

Nunca olvidaré cuando vi a Leanne entablar una conversación en un restaurante con un director comercial muy agradable llamado Eric. Tengo buen ojo para los chicos que están dispuestos a comprometerse, y Eric era uno de ésos. Tal vez un poco bajo, pero lindo y agradable. El hecho de que los directores comerciales puedan hacer que mamá se quede en casa es intrascendente para mí; sin embargo, son las cosas en que se fija Leanne, así que estaba emocionada de que le interesara.

En ese entonces, Leanne quería mucho tener un novio, y odia admitirlo. No quería estar desesperada. Pero el hecho de que hubiera estado tanto tiempo sola había causado que pensara que había algo malo en ella, algo que era muy obvio para los demás, en especial para los hombres. La mayor parte del tiempo esta suposición era muy dolorosa de aceptar, así que, como alternativa, estaba convencida de que era muy "intimidante y fabulosa".

Bueno, el caso es que Eric, el director, estaba diciéndonos que hacía poco había dirigido un comercial de cerveza y estaba reeditándolo porque no sentía que la versión del cliente representara su mejor trabajo. "¿Te refieres —Leanne bromeó tajantemente— a 'Miller Lite: The Director's Cut?'" La sonrisa de su cara se esfumó, el placer de compartir su trabajo con ella se había ido. Ella pensó que era muy lista.

No tenía remedio. Eric, que obviamente había estado interesado al principio, ni siquiera le pidió su teléfono.

Leanne no lo sabe, pero su defensa (muy común) es rechazar hombres antes de que la rechacen a ella. Ser una bruja es una máscara para el miedo de ser lastimada en algo íntimo.

Leanne culpa a los hombres por no gustarles. "No les gusto a los hombres", dice. Pero puedo ver que disfruta la cara de desconcierto en las personas. Después de todo, es alta, apiñonada y con una carrera exitosa como abogada corporativa. Según ella, es un sueño, lo cual la enoja el doble pues no puede conseguir una segunda cita.

Es como si Leanne estuviera completamente comprometida a vivir incomprendida por los hombres. Lo que no comprende es que no hay nada malo en ella, pero sí en la manera en que se comporta. Es improbable ser un sabelotodo, decir a los hombres todo lo que hacen mal, burlarse de su amor simplón por *South Park* y la edición de trajes de baño de *Sports Illustrated*, ser competitiva con ellos y pensar que querrán estar contigo.

Los hombres son, primero que nada, personas.

Algunos factores relevantes sobre los hombres

Suelo decir que dar a luz al futuro esposo de alguien me ha enseñado realmente todo lo que necesitaba saber de los hombres. Esto es lo que mi adolescente quiere de la vida: macarrones con queso, un videojuego y Kim Kardashian (o alguien que se le parezca, si estabas preguntándote). ¿Has visto alguna vez a Kim Kardashian ponerse toda intensa y enojada con un hombre? No lo creo. La has visto sonreír, contonearse y hacer un video sexual. (Y casarse y divorciarse en menos tiempo del que nos toma recoger la ropa de la tintorería. Pero mi hijo no lo sabe.)

No me malinterpretes; no digo que tengas que convertirte en una fantasía masculina. Claro que no. (El tipo de chico que esté dispuesto a comprometerse tal vez prescindiría de Kim. Está muy desesperada por atención, lo digo con todo el amor en mi corazón, y los chicos que se comprometen realmente no quieren lidiar con eso.) Lo que digo es que dentro de cada hombre se encuentra una criatura muy simple que sólo quiere disfrutar de una mujer, no pelear con ella. Y no vas a hablar de eso abiertamente con él, ni siquiera con un (perfectamente válido) argumento feminista.

Pero tal vez el rasgo que aleja más a los hombres es la actitud de una bruja. Esto es difícil de entender para varias mujeres. Quieren pensar que todo se trata de las inseguridades y la misoginia del hombre. Sí, hay algunos hombres inseguros y misóginos que quieren vengarse porque (y defenderse de) las mujeres tienen el poder de rechazarlos. Pero, honestamente, ¡eso sólo es la versión masculina de una bruja!

Sin embargo, hay otros hombres, razonables y buenos, que ven una mujer amargada y sienten compasión. Entienden muy bien que su amargura proviene del dolor, aunque saben que no tienen el poder para sanarlo. Así que ni siquiera tratan. Porque no importa lo grandiosa que una mujer pudiera ser, nadie quiere pasar todo su tiempo, noche y día, en la línea de fuego.

Cómo vas a tener que cambiar

Esto nos trae al meollo del asunto. Si eres una bruja y quieres relacionarte con alguien, tendrás que cambiar. La buena noticia es que lo que tendrás que hacer es muy, muy simple. La mala es que tal vez te enojes. Así que sólo lo diré.

Tendrás que ser agradable.

Agradable es la energía alternativa a la de una bruja. Los hombres llaman a esto "encanto". Si le preguntas a un chico sobre la cualidad número uno que les falta a las mujeres con las que salen, lo más seguro es que te diga esto: hay escasez de mujeres encantadoras. Y en el codiciado mundo del matrimonio de altos vuelos, el cual está muy alejado del emocionante y azaroso mundo de las citas, las mujeres encantadoras terminan con un anillo en la mano izquierda.

Entonces, ¿qué es ser encantadora? Primero déjame decirte lo que no es encantador. No es encantador estar en lo correcto todo el tiempo; discutir mucho sobre algún tema; tener un tono amenazante en tu voz; fijarte más en lo que un hombre no tiene en lugar de en lo que sí, o pensar que los hombres son un servicio de paquetería que te llevará a una vida en los suburbios y te dará hijos, apoyarte, o completar la idea del cuadro de tu vida.

Ser encantadora significa ser dulce, divertida, amable y, eh... accesible. Los chicos tienen que poder compenetrarse contigo. Si eres muy severa, no pueden hacerlo. Una mujer puede ser sensual, atractiva, poderosa, lista, dinámica e interesante, pero si no es dulce, la mayoría (no todos, la mayoría) de los hombres no querrá casarse con ella. A un hombre podría gustarle el sexo, gustarle tu agudo ingenio, respetar tu trabajo y pensar que eres fabulosa; sin embargo, a menos que añadas dulzura a la mezcla, sólo son lugares de paso.

Como, por decir, Reikiavik. Podría ser divertido visitarlo, pero el clima es muy adverso para que decidas vivir ahí. Sin embargo, deja Reikiavik de lado y piensa, por ejemplo, en California y ya está.

Ahora piensa lo que sientes en estos momentos. ¿Te molesta que muchos hombres piensen que agradable significa dulce? ¿La idea de ser dulce o, más precisamente, la idea de tener que ser dulce, te irrita? Esto es a lo que me refiero. Si te irrita, tienes un problema.

Ser agradable no es degradante. ¡Es lo que mantiene al pu... mundo girando! Y en especial es lo que hace funcionar a un matrimonio. Se le llama la regla de oro, y hasta donde tengo entendido, vence todo. Desafortunadamente, algo que noto en varias mujeres que quieren casarse y están solteras es que no son muy agradables, en especial con los hombres. No tratan a los hombres según la regla de oro porque, en cierto grado, no piensan que deban hacerlo. Incluso es más común que piensen que son agradables, pero en realidad no lo son.

Una forma fácil de saber si es cierto en ti es que, en estos momentos, no estás muy segura. Otra forma es preguntar a tres de tus más cercanos amigos si piensan que hay alguna posibilidad de que la gente te perciba como una bruja. Si te ven con ojos de "¿en serio puedo decirle la verdad?", ahí está la respuesta.

La amabilidad no es algo que estimemos mucho en nuestra cultura. Nos gusta ser maliciosos, competidores y dramáticos, a juzgar por los *ratings* de varios *reality shows*. De forma curiosa, un hombre bueno es, todos concordamos, una cosa buena. Nadie tiene problemas para afirmar que un hombre debería ser bueno. Nadie querría que nuestra mejor amiga se casara con un patán o histérico. Pero cuando decimos que la mujer debería ser amable, y en particular cuando decimos que debería ser amable con el hombre de su vida, de alguna manera adquiere otro significado.

En las mujeres, la idea de que la amabilidad es una cosa muy, muy importante, se presenta como opresiva para muchas otras. Es como si una mujer tuviera que renegar o

COCINAR ES COMO CRIAR

Durante años, fui candidata a ir a "Microondas Anónimos", si existiera tal grupo de apoyo. Para mí, cocinar era horrible. La cocina en los apartamentos en los que viví estaba prácticamente sin usar, y en el refrigerador casi sólo guardaba un cuarto de leche. Mi especialidad era entrar al autoservicio, pedir, recoger y salir. ¿Y la idea de tener que cocinar para un hombre? Ridículo y ofensivo. Decía a todos mis novios que toda la vida tendría que tener un trabajo que me permitiera comer fuera de casa mañana, tarde y noche.

Así, un día una mujer sabia (madre de cinco, felizmente casada por veinte años) me dijo algo muy simple: "Criar es algo bueno, Tracy. Y cocinar tiene que ver mucho con criar". Nunca se me había ocurrido que cocinar para mí y otros era en realidad una manera de ver por los que amaba, incluyéndome a mí, algo en lo que era un desastre. Y lo que no podía hacer para mí, tampoco podía hacerlo para un hombre.

Por tanto empecé a cocinar. Al principio cosas fáciles, como remolacha asada o pollo a la cacerola. Después empecé con pastas y sopas. De pronto estaba cocinando todo tipo de delicias. (¡Pregúntame por mi lomo de cerdo!) Entonces, cuando un nuevo hombre se aparecía en mi vida, me aseguraba de cocinarle en las primeras citas. Es divertido, y no creerías lo mucho que lo aprecian.

Lo que he aprendido es que para un hombre, si estás dispuesta a cocinar y ser agradable, es como ganar un concurso de escaparates. Porque la comida es más que sustento. Es amor. Después de todo, estarías dispuesta a cocinar para tus hijos, ¿verdad? Así que ¿por qué no lo harías para tu hombre?

reprimir una parte de ella para practicar la amabilidad, en especial hacia su hombre. Me gustaría decir que éstas son puras idioteces.

Así que, ¿cómo modificas un comportamiento que cambiarías si pudieras hacerlo, pero no puedes, así que no lo haces?

Asuntos espirituales que te ayudarán a cambiar

Tendrás que meterte en algunos asuntos espirituales. Como dije, todo el libro está basado en la idea de que el matrimonio es un camino espiritual. Tal vez no tenga que ser un camino espiritual para todos, quizás a Donald Trump este tema le importa un comino, pero tal vez a ti sí te interese si quieres casarte aunque parece que no es así.

En general, los asuntos espirituales son cosas que no quieres hacer o que sólo las hacen personas como la Madre Teresa o Angelina Jolie. Tu mente te dirá que es una pérdida de tiempo o ya lo has intentado o es muy difícil. Pero tienes que decirle a tu mente que se tome un descanso. Porque hacer trabajo espiritual funciona. Funciona mejor que el vodka, pilates o ir de compras. Pero, y aquí está la trampa, no se siente bien hasta que lo hayas completado. Hablaremos más de asuntos espirituales a continuación, pero, por lo pronto, vamos a comenzar por el principio.

¿Cuál es la solución espiritual para la energía de una bruja?

Perdonar. Si realmente puedes perdonar, tu ira se evaporará. Y con ello la fuerza que está detrás de la energía brujesca. Perdonar es dejarte a ti, tu mamá, tu ex y quienquiera que te haya lastimado, incluso si te lastimó bastante, libre de ataduras. No porque seas mejor persona, sino porque finalmente te das cuenta de que no hay tal nudo. Lo que llamamos nudo sólo es la condición humana, lo que significa tener varios defectos en formas que, tarde o temprano, lastimarán a otra persona. ¿Quién no ha lastimado a otra persona? Te diré quién: ¡nadie! Sí, algunos estamos haciendo mejor las cosas que otros, pero es un poco arrogante estar orgullosa, porque, después de todo, mientras esté viva puedo cometer otros errores. Es humano.

La clave para caminar por la vida sin volver a ser una bruja y estar enojada, temerosa y defensiva, es perdonar. Entonces, ¿cómo le haces? La mejor forma es cambiar tu historia. Cambiar la manera en que piensas y hablas de lo que ha sucedido en tu vida, especialmente las cosas que te han decepcionado o enfadado. La historia es una de las herramientas más poderosas con las que cuentas. Es cómo tú y los demás modelamos nuestra experiencia. Por esa razón, esos cavernícolas en Francia pintaron aquellos dibujos en las cuevas. Querían asegurarse de que todos, en los siguientes 32 000 años, supieran sobre el búfalo que cazaban. Se definieron a sí mismos por esa pintura.

Nosotros nos contamos, y a otras personas, historias sobre quiénes somos, lo que nos sucedió y cómo es el mundo. Llevamos nuestra historia con nosotros en cada cita y en cada relación que tenemos. De lo que poca gente se da cuenta es de que las historias que cuentas sobre ti se vuelven realidad, porque la historia modela tu pensamiento, el pensamiento modela tu percepción, la percepción modela tus decisiones, las decisiones tus acciones, y tus acciones son finalmente tu destino. ¿Entendiste? La cuestión de la historia es enorme. Lo bueno es que tienes un control unilateral absoluto sobre tu propia historia. Sí, otros tratarán (y van a tratar, en verdad) de que aceptes su versión de la historia, pero en realidad no pueden obligarte. Es imprescindible que modeles tu historia en formas que te den poder, no en formas que te enojen o te hagan víctima.

CORTA LAS ATADURAS

Una manera de entender el perdón es pensar en cuando te pruebas un par de zapatos en una tienda departamental, ya sabes, los que tienen un elástico para que el par no se separe. Con lo que sea que estés enojada, estás atada a eso. No sólo a eso, sino también a lo que sea que creas que te hicieron. Piensas que lo que hicieron es lo que eres.

¿Y sabes lo que pasa cuando te mides esos zapatos que aún están atados y tratas de dar un paso? Puedes caer porque el elástico que los une sólo mide unos cuantos centímetros. Así es exactamente cómo el miedo, la ira y las actitudes defensivas limitan tu movimiento. Hacen que tropieces, y también hacen que te veas ridícula en medio de la tienda departamental.

Perdonar es elegir cortar el elástico que te mantiene en un lugar. Y la única persona que puede cortar el elástico eres tú. Tienes que decidir que no quieres estar atada al pasado. Al principio podrías notar que das pasos pequeños, como si tus zapatos todavía estuvieran atados. Pero poco a poco, conforme practiques el perdón, verás cómo te sentirás más abierta, más amorosa, más libre.

Voy a compartir contigo el mejor ejemplo de esto en mi propia vida. Como dije, fui una niña adoptada. Hasta que comencé a modelar mi propia historia, he aquí un bosquejo de aquello con lo que debí enfrentarme: nací; mi mamá, Linda, me dio en adopción; mi papá, Freddie, fue a la cárcel; estuve en varios hogares adoptivos y finalmente aterricé en uno adecuado, donde me quedé cuatro años; después mi papá salió de prisión y regresó a reclamarme y me llevó a vivir con su novia; volvió a prisión poco tiempo después y me quedé con la novia, con quien no era fácil llevarse, hasta que cumplí 18 años. Hay más, pero ¿captan la idea?

En breve, el entendimiento de mi vida fue como la emisión especial de la versión de una historia súper dramática: *Tracy M.: No querida, no amada y sola.* Por supuesto, si insisto en verme como víctima hay mucho en que trabajar. Tengo varias razones para estar enfadada con Linda y Freddie. Fueron unos padres terribles. Y me dieron la espalda. ¿Verdad?

Falso. Porque ésa es sólo una forma de acomodar los acontecimientos. Aquí está la versión espiritual de los hechos; nací; después de sólo unas 12 noches de sábado, reflexioné sobre mi papá, proxeneta y criminal, y sobre mi mamá, alcohólica y prostituta, y me dije: "Claro que puedes ser mejor que esto". Salí de ahí y (después de algunas paradas desafortunadas que me enseñaron bastante sobre la vida y las personas) de algún modo me las arreglé para establecerme en un lugar muy agradable con un ministro luterano, su esposa y cinco hijos, donde experimenté la existencia de la clase media, fui a una gran escuela privada y tuve la vida más o menos estable que nunca tuve con Freddie y Linda.

Después (bueno, antes me enfrasqué en un gran conflicto adolescente con esos maravillosos pero súper conservadores tutores) terminé en la casa de una feminista, de la primera generación *hipster*, que me expuso a varias ideas radicales, se aseguró de que fuera a buenos colegios, me enseñó sobre arte y, tal vez lo más importante, me dejaba ver horas y horas de televisión, lo cual sentó precedente para mi carrera como guionista televisiva.

¿Adivina cuál versión de esta película tiene final feliz?

Quiero que comiences a pensar cómo puedes modificar el guion de tu vida. Especialmente en los lugares donde duele más: la separación dolorosa después de la universidad, la solitaria racha después de los 30, la niñez estúpida, la decepción de tu carrera. Fíjate si puedes cambiar la historia, sólo un poco, en algo que no te haga sentir tan mal. Y si puedes reírte, mucho mejor.

Crear un nuevo sistema de creencias es un poco como clausurar la salida a la autopista, permanentemente. Cuando tratas de tomar la autopista para llegar de nuevo a tu vieja historia —cómo te molestaban tus padres o cómo los hombres son unos estúpidos, o cómo hay algo malo en ti—, necesitas dejar atrás esa salida y tomar la rampa hacia tu nueva historia. Al principio es muy desesperante y olvidas que la salida está cerrada. A menudo tendrás que regresar, rodear obstáculos o desviarte mucho de tu camino. Sentirás que se te hace muy tarde. Pero, eventualmente, verás otra salida. De pronto ya no hablarás inconscientemente de tu viejo yo, y descubrirás con alegría algo sorprendente: habrás llegado a un destino diferente de la ciudad criminal que imaginaste.

Lo que tu mejor amiga sabe pero no te ha dicho

Hay que resumir lo que abordamos en el capítulo 1, viendo fríamente lo que nadie se ha atrevido a decirte directo a la cara:

- Eres una bruja. No eres agradable y los hombres no quieren casarse contigo por esa razón. No porque sean misóginos, sino porque nadie quiere pasar el resto de su vida con alguien que está enojada todo el tiempo.
- Ser una bruja es tener ira y estar a la defensiva. La ira parece estar justificada, por lo que parece razonable. Pero ¿a quién le importa? Parafraseando un viejo dicho, ¿prefieres estar en lo correcto o estar casada?
- Sé agradable. Esto es muy básico, ya deberías saberlo. Pero por alguna razón piensas que puedes criticar y juzgar a todos los hombres y aun así querrán estar de por vida contigo. No querrán.
- Aprende a perdonar. No es posible ser agradable si no aprendes a perdonar. Tienes que dejar a las personas, especialmente a los hombres, fuera de la tormenta, porque no hay tal. Perdonar a las personas también te hace sonreír e incluso verte más bonita.

- **Escribe una nueva historia.** Es la mejor manera de perdonar. ¡Sé creativa! Es tu vida y sólo vives una vez. Cambia tu historia por energía, y la ira subyacente, la energía que está detrás de ser una bruja, desaparecerá naturalmente.

2. ERES SUPERFICIAL
O CÓMO CONSEGUIR LO QUE QUIERES Y OTRAS MENTIRAS

1. ¿Esperas a un chico con cierto nivel o poder adquisitivo?
2. ¿Tus amigos te dicen que eres muy selectiva, pero tú sólo piensas que tienes estándares altos?
3. ¿Has dejado ir a un chico porque no se ve/viste/gana dinero como tú esperas?

Imagina a un chico que sólo quiera salir con rubias. De preferencia copa C o mayor. Asiste a fiestas, charla con algunas mujeres agradables, mujeres como tú, tal vez; pero no quiere relacionarse con alguien que tenga 10 kilos de más o aftas. Cuando sus amigos le sugieren que baje sus aspiraciones un poco, tal vez intentarlo con una morena o salir con un 7.1 sólo para ver si puede haber química, dice que lo siente, que cuando se trata de química sólo quiere 8, 9 o 10.

¿Qué pensarías de este tipo? Piensas que es un patán, ¿verdad? Pero si eres una mujer que quiere un hombre de cierta estatura o con una billetera de cierto grosor, con un tipo particular de trabajo, educación o antecedentes familiares, no eres tan diferente del hombre que quiere salir con una mujer de pechos enormes o con una rubia. Ese tipo por el que no sientes respeto, ¿del que piensas, más bien sabes, que es un patán? Bueno, ese tipo eres tú.

Odio decirlo, pero... eres superficial.

Eres superficial cuando estás más preocupada por cómo se ve un hombre que por cómo es. Cuando te importa más lo que tus amigos piensen de él, que de cómo te sientes con él cuando están juntos. Cuando no puedes dejar de pensar que si se vistiera un poco mejor, se viera un poco más guapo y tuviera un trabajo más interesante o mucho más dinero, empezarías a verlo como un prospecto real.

Ser superficial no está bien. No sólo porque no es agradable (ve el capítulo 1, "Eres una bruja"), sino porque cuando un hombre bueno encuentra una mujer superficial, su corazón se congela. Lo que significa que estaría dispuesto a jugar contigo por un rato, pero nunca firmaría una hipoteca contigo.

De qué se trata realmente

Ser superficial tiene que ver con el perfeccionismo. No te conformarás con algo que sea bueno, tiene que ser ideal. Quieres que se te cumpla cada deseo y necesidad, de preferencia ahora, al encontrar, salir y desposarte con la persona que lo tiene todo. Olvidas que nadie tiene todo, y ¡menos tú!

El problema con el perfeccionismo es que es muy deshumanizante. Hace que veas a los demás no como humanos sino como objetos o cosas. Cosas. ¿Has oído el dicho "Lo perfecto es enemigo de lo bueno"? Eso sucede cuando te rindes ante tus tendencias perfeccionistas. El perfeccionismo hace que vuelvas objetos a los hombres. Tal vez has escuchado el término con anterioridad, quizás en una clase de estudios sobre la mujer o de una feminista, no sólo aplicado para ti.

He aquí la definición de cosificar en Wikipedia: "**Confinar** o **reducir** a condición de cosa aquello que no lo es".

Es una forma elegante de decir que estás usando a alguien, del modo en que usas, por ejemplo, un abrelatas o el control remoto de la televisión. Cosificar a alguien es tratarlo como una herramienta, un medio para un fin. Determinas el papel que jugará en tu vida, así tu perfeccionismo te hace decidir qué cualidades físicas, emocionales e intelectuales "necesitas" que tenga para desempeñar ese papel. Después sacas tu lista para encontrar al chico que lo tiene todo.

Lo que la mayoría de la gente busca de manera inconsciente, por supuesto, en una pareja, es que sea alguien que refleje sus propios aspectos favoritos, haga su vida mejor de lo que es en ese momento y le permita sentirse a gusto; en otras palabras: alguien que sea como una muñeca inflable, pero con quien el sexo sea más interesante. Porque los seres humanos reales no sólo hacen lo que les dices que hagan ni reflejan lo mejor de ti. Salvo, tal vez, el día de tu boda.

Eventualmente, toda persona descubre que, sin importar lo mucho que tengan en común, tu pareja no es, y nunca será, tú misma. Añade la probabilidad de que tu pareja llegó al matrimonio esperando que reflejaras algo de él y que hicieras su vida mejor, y rápidamente será evidente que nadie podrá quedarse en una zona de confort. Es más probable que los intentos de quedarse en la zona de confort se vuelvan incómodos. Entonces, eso es lo que conlleva cosificar a otra persona. ¿Qué más esperarías de frotarte contra un objeto amoroso hecho de látex?

Todos sabemos que cosifican a las mujeres; conoces *Playboy*, ¿verdad? Sin embargo, los hombres también se vuelven objetos o cosas. No necesariamente gracias a su estómago de lavadero o su cabellera brillante, aunque algunas veces sí.

No, nosotras cosificamos al hombre por otras razones: los recursos que pueden brindarnos (dinero, una casa agradable, un auto decente), su habilidad para protegernos y, tal vez, por encima de todo, su esperma, lo que se convertirá en nuestros bebés. (Y ¡claro que queremos bebés!)

Entonces, ¿cómo reconoces que estás cosificando a alguien? Aquí hay una manera: sueles poner atención únicamente a los hombres que tienen lo que, cito: "quieres".

Digamos que un amigo te invita a una cena-fiesta. Preguntas quién asistirá. Te dice el nombre de algunos, unas parejas y un puñado de hombres a los que no conoces. Preguntas quiénes son y qué hacen. Incluso buscas a algunos de ellos en Google o Facebook. Lo que descubres no es para nada interesante. Empiezas a darte cuenta de que tu disposición para ir a la fiesta comienza a decaer. Te disculpas por no ir y dices que tienes un compromiso esa noche, y por compromiso me refiero a los cuatro episodios de *Private Practice* que están ocupando espacio valioso en tu TiVo.

Si nunca se te ha ocurrido dejar tus compromisos de lado por una noche y tal vez ir a la fiesta de tu amigo y ser una grandiosa invitada; si sueles decidir que no estás interesada en charlar con hombres que ni siquiera conoces; si rechazas a hombres en las citas después de que dicen una o dos frases que no te parecen... puedo asegurarte que eres superficial.

Cosificar a alguien hace que te enfoques en los rasgos que no son importantes y dejes pasar los que sí lo son. Por ejemplo, el carácter. Eso también hace sentir fatal a las personas.

Un hombre alto, bien parecido, rico y listo, quiere saber que una mujer lo ama por lo que es, no por su cuenta bancaria, su cara o su cuerpo. Creo que es por estas razones que algunas veces te topas a un hombre que, teniendo los recursos que le permitirían ser selectivo con las mujeres, termina escogiendo a una mujer que no es tan espectacular. Siempre pienso que ella es una persona maravillosa que le dio el regalo de verlo como es, más allá de lo que él podía ofrecerle.

Notas de mi vida como esposa adolescente

Cuando tenía 19 años, me mudé a San Francisco con el que pronto sería mi esposo. Como no contaba con muchas habilidades (a menos que fumar cuente), empecé como demostradora de perfumes en una tienda departamental. Solía trabajar principalmente en Union Square, el centro de la venta al menudeo en San Francisco y el punto que todo turista eventualmente visita. Para una chica de Minneapolis era más que emocionante. Sentía que estaba viviendo un sueño.

Pero soy del tipo ambicioso, así que no estaba contenta con sólo ahogar a la gente en una nube de Giorgio. En muy poco tiempo pasé al siguiente nivel del éxito en el mundo de los cosméticos: la chica que maquilla en la tienda departamental. Esto es lo que aprendí maquillando regularmente a las mujeres que pasaban por Union Square: todo el mundo es hermoso.

No bromeo. Solía estar de pie en el mostrador con alguna mamá agradable de Walnut Creek, California, o Charlotte, Carolina del Norte, sentada en mi silla para maquillar. Ella podía sentirse un poco extraña al dejar que yo, (una chica que apenas había dejado su casa en Minnesota y que todavía salpicaba su discurso con "ay, ¿en serio?", y tuviera en sus manos brochas a menos de cinco centímetros de su cara). En algún punto entre la base y el rímel, notaba invariablemente algo especial en ella, como, por ejemplo, la frente más exquisitamente curvada. O, tal vez, una mujer de negocios que se escapó en su hora del almuerzo tenía una piel maravillosa o unos increíbles ojos verdes con destellos cafés y detalles azul marino. Cosas como ésas. Por lo general, no serían las cosas en las que te fijarías en la primera cita. Tenía que poner atención en la cara de las mujeres, e incluso, más importante, tenía que ser objetiva con ellas. No les ponía el delineador pensando en cuántos votos a favor o en contra conseguirían, o si quería dormir con ellas, casarme con ellas y tener hijos, o incluso si quería volver a verlas. Tenía que ser de mente abierta para ver qué tenían que ofrecer y tenía que ver cuidadosamente.

Una vez tuve un novio que era, cómo decirlo, de apariencia interesante. Era, como dicen los franceses sobre las mujeres, *jolie laide*, literalmente "bonito-feo"; atractivo, pero no bien parecido. Su mentón era un poco débil, su nariz muy recia, sus ojos un poco... asimétricos. Cuando empezamos a salir, hubo veces que veía su cara y pensaba: "Espera... ¿qué? ¿Cómo?"

Al principio incluso pensé en terminar. Su estilo no sólo era diferente al mío, muy conservador, sino que todo lo tocante a su aspecto físico no era lo que yo acostumbraba. Pero me quedé con él, en parte porque tenía, en verdad, una personalidad brillante. Realmente la tenía. Era una de las personas más divertidas, afables y agradables que he conocido.

Estuvimos juntos por un buen tiempo y en algún punto mi visión... se ajustó. Tenía mucha belleza; sólo que tenía que verlo de manera diferente para descubrirla. Es como sintonizar una estación de radio en un auto viejo, donde si te pasas de frecuencia, aunque sea una milésima a la derecha, puedes sintonizar la fabulosa estación que se transmite dos pueblos más allá y toca las mejores canciones antiguas. Podía ver otras cosas en él: cuán brillantes eran sus ojos, el fabuloso color de su piel cuando había jugado futbol al aire libre (jugaba mucho, mucho), su coordinación física y su gracia. Por fin, amar a ese hombre de no muy buen parecido me hizo darme cuenta de un nuevo nivel de belleza que, aunque no seguimos juntos, todavía puedo ver y apreciar.

Años después aprendí la lección al revés, de un novio verdaderamente maravilloso que se llamaba Brandon. Era hermoso, con pelo rizado y espeso, enormes ojos azules y una simetría facial que me hacía querer encontrar la habitación de hotel más cercana. Brandon se parecía a Blanca Nieves, si ella fuera un chico en verdad muy, pero muy atractivo. Estuvimos juntos tres años, y durante ese periodo descubrí que (desafortunadamente) el efecto de la belleza es como cualquier otro efecto: con el tiempo desaparece. Por lo regular, pronto. No es que Brandon dejara de ser fabuloso; las hordas de mujeres que lo rondaban todo el tiempo son una prueba de ello. Es que su belleza impidió que cambiara lo que sentía por él. No me era suficiente para soportar sus tonterías (y decía muchas; después de todo, estaba en sus incipientes veintes), y ciertamente no lo hizo madurar más rápido.

Supongo que lo que quiero decir es que la belleza está en el ojo del observador. Y lo que tú escoges observar es tu decisión. Claro, tienes que tener una atracción física basal por alguien (hablaremos de ello más adelante), pero, dado el hecho, tendrás que elegir sabiamente. Porque nadie, incluso tú, será joven y bello por siempre.

POR QUÉ NATALIE NO ESTÁ CASADA

No todo el perfeccionismo tiene que ver con la apariencia. Mira la historia de mi amiga Natalie. Nat es bonita, con grandes ojos almendra y muy bonita figura, y ama su trabajo como vestuarista en cine y programas de televisión. Pero cuando de citas se trata, se porta como un obrero en una procesadora de frutas. Puedo imaginarla junto a la banda transportadora, escudriñando la producción y desechando los hombres manzana que tengan magulladuras, pecas, picotazos de aves y moretones. Natalie sólo quiere las manzanas como las que venden en el supermercado: sin defectos. Gran trabajo, gran cuerpo, gran personalidad y gran familia.

Lo que le digo constantemente a Natalie es que aun si puede encontrar una de estas manzanas, en apariencia perfectas, y construir una relación con ella, pronto descubrirá que tenía algunas imperfecciones, picotazos de aves y magulladuras que no vio en la banda. (Siempre las tienen.) Entonces tendrá que lidiar con la tendencia a enfocarse en las imperfecciones adentro de la relación, una batalla perdida, pues es perfeccionista. Y aquí está la verdad de verdades: ¡un producto que parezca perfecto no tendrá ningún sabor!

Natalie piensa que tiene estándares. Yo pienso que ella es un caso de estándares irreales. Es tan selectiva respecto de lo que quiere en un hombre (tiene que tener un muy buen empleo y educación; debe tener su propia casa; vestirse bien, estar familiarizado con las vanguardias del arte y disfrutar las películas de Fellini y la comida thai, y, si fuera posible, debería ser vegetariano y manejar un auto híbrido, hacer yoga u otra práctica espiritual), que nunca encontrará a uno que tenga todo eso. De alguna forma debe intuirlo, pues tiene 38 y, en 25 años de citas, todavía no ha encontrado alguien que cumpla todas sus expectativas. No es realista.

Lo que Natalie debería hacer es escoger dos (tal vez tres) opciones de su lista, las cosas que sean absolutamente necesarias para ella, y olvidar el resto. Porque, algunas veces, cuando conoces a un ser humano de verdad, te das cuenta de que aquello que pensabas que no soportarías de él, no es tan malo. El otro factor es que estar en una relación hace madurar, así que lo que Natalie considera algo crucial en estos momentos, en cinco años podría ser sólo una opción. Pero Natalie no sabe eso, porque es inmadura en varios aspectos.

ALGUNAS VERDADES RELEVANTES SOBRE LOS HOMBRES

Una amiga me contó una historia sobre su hijo adolescente que viene mucho a cuento. En el primer día de bachillerato notó que su hijo no traía puesta la playera a rayas azules y blancas que le había escogido. En su lugar había seleccionado una playera diferente, más a la moda. Cuando le preguntó al respecto, el adolescente dijo que la playera rayada no era "la adecuada". Aparentemente, los días en que no importaba lo que los demás dijeran habían terminado. (Al menos hasta que termine la adolescencia, la cual, por lo visto, puede durar hasta los 42 años.)

Te cuento esta historia en un capítulo sobre frivolidad porque, para tener un buen matrimonio, tendrás que deshacerte de todo lo que en ti diga que le interesa ponerse la playera correcta para el primer día de escuela, porque le importa lo que podrían decir los demás. Si aún vas tras una larga (o incluso laaarga) lista de deseos superficiales, tal vez todavía piensas como adolescente. A menos que planees ser la esposa trofeo de alguien, el pensamiento adolescente te alejará del matrimonio. E incluso si llegas a encontrar un marido que se ajuste a tu lista, el matrimonio en sí va a ser superficial. ¿De qué otra forma podría ser? Todo está basado en frivolidades.

Un rasgo esencial de la adultez es dejar de prestar atención a lo que dicen los demás y tomar las decisiones adecuadas para ti, incluso si los demás no las aprueban. En la adolescencia echas un vistazo para asegurarte de que estás vistiendo los zapatos "adecuados" y la playera "adecuada". Lo que es entendible... cuando tienes 16 años. Pero si todavía tomas decisiones basadas en lo que los demás piensan de tu elección, ¡perderás tu propio tren! La adultez es comprometerse con la persona que sabes que eres o, al menos, que sospechas que eres. (O serás, cuando resuelvas todos tus asuntos.) Para cuando seas un adulto, sabrás que la perfección no existe. Así que tendrás que tomar un enfoque distinto para los hombres que escojas.

Lo cual me regresa al delicado tema de la forma en que te presentas.

Como crecí en Minnesota, solíamos ir a pescar. Nos subíamos a un bote, tirábamos el ancla y sacábamos nuestras cajas de pesca con todo tipo de señuelos y otras cosas. Había todo tipo de peces. Pero no todo pez iba por cualquier señuelo. Algunos caían con gusanos. Otros caían con cucharillas. Y otros más con carnada viva. Preparabas tu anzuelo dependiendo de lo que quisieras atrapar.

Esto también es cierto para encontrar pareja. Tienes que decidir lo que quieres pescar. Esto significa que tienes que dejar en claro que eres consciente de cómo eres percibida. Es mi manera sutil de decirte que ¡no actúes o vistas como una cualquiera!

Si quieres construir una relación a largo plazo, tal vez no deberías promocionar de más tus atractivos sexuales. Dije promocionar de más. ¡Vamos, ponte bonita! ¡Muestra tu figura! ¡Ponte una segunda capa de rímel! Ésos son detalles finos. Pero si tu apariencia (y, en verdad, me refiero menos a tu escote que a tu vibra) invita más a un compañero sexual que a un compañero para la vida, no te ayudará para atraer una pareja a largo plazo. Aunque la mayoría de los chicos quieren una pareja sexual atractiva, no quieren estar ahuyentando rivales por los próximos 40 años sólo porque te gusta usar tacones altos.

CARA VS. CUERPO

Recientemente, psicólogos evolucionistas de la Universidad de Texas publicaron algunos descubrimientos interesantes que podrían hacerte reconsiderar todas esas horas que has pasado en el gimnasio. Hallaron que los hombres interesados en parejas a corto plazo (de una sola noche) estaban más interesados en el cuerpo de la mujer, mientras que los que buscaban una relación duradera se fijaban más en la cara.

Los investigadores pidieron a 375 universitarios que vieran una foto de una pareja en potencia. Al principio ocultaron la cara y el cuerpo. Después les permitieron ver el cuerpo o la cara, pero no los dos. Los resultados son fascinantes. Sólo una cuarta parte de los hombres que vieron a la mujer como una posible pareja a largo plazo quisieron ver el cuerpo.

Pero ¿para una pareja a corto plazo?, 51% escogieron el cuerpo.

Los investigadores propusieron que el cuerpo da indicios de la fertilidad de una mujer, cosa importante si planeas "batear y correr". Por otra parte, la cara muestra rasgos de la personalidad de una mujer, algo en lo que sólo se fija un hombre interesado en una relación a largo plazo.

Tal vez no es de extrañar que las mujeres no mostraran diferencias significativas entre las preferencias entre cara y cuerpo cuando buscaban compañeros a corto o largo plazo. Disfrutaremos el sexo tanto con un canalla como con un chico que nos ame.

Cómo vas a tener que cambiar

Empieza por abandonar la idea de conseguir lo que quieres. No entres en pánico. Resulta que no necesitas realmente todo lo que quieres. Lo que quieres es lo que necesitas. Mira, hasta donde tengo entendido, los Rolling Stones estaban equivocados: *You can (very often) get what you want.* ("Puedes [muy seguido] obtener lo que deseas.") He visto a millones de chicas salir y obtener lo que querían. Sucede todos los días. ¡Si tan sólo ése fuera el problema! De hecho, hay un problema mucho mayor: tal vez no sepas lo que realmente quieres, pero, aun sabiéndolo, una vez que lo obtuvieras, ya no lo querrías, porque... nadie en la historia de la humanidad se volvió feliz al obtener lo que quería.

Sólo pregunta a alguien que haya ganado la lotería, un Premio de la Academia o la última rosa en *The Bachelor.* Ah, seguro están felices por unos veinte minutos. Después, los viejos ataques de ansia regresan y pronto quieren ganar otra lotería, otro Oscar, otro *Bachelor* o, al menos, tener sexo con un extraño y después tener un ataque de compras en Barneys.

Hay algo en la condición humana que hace imposible ser feliz para siempre por haber obtenido algo. Lo que sea. Incluso el marido perfecto. Sólo olvídate de ello. No hay necesidad de hacer una larga lista de lo que quieres, y no necesitas mirar miles de fotografías en línea para buscar a alguien bonito. El nuevo querer es encontrar un chico que sea lo que necesitas.

Así que hay que hablar de lo que necesitas y qué haces para conseguirlo. La interpretación común de esto es que una chica se para por ahí y desenrolla una larga lista de "necesidades"; esto, aquello y lo otro, que sólo es una lista de "requisitos" con otro nombre. A lo que me refiero es a algo diferente. Cuando uso la frase "lo que necesitas", alude a un hombre que tenga las cualidades que te ayudarán a cultivar la expresión máxima de tu ser humano. A cambio, tienes las cualidades que te servirán para ayudarlo a cultivar su máxima expresión.

CAJA DE LOS PROPÓSITOS

Cuando hablo sobre fijarse metas, quiero decir a hacer una declaración formal sobre algo, incluso si sólo te la dices a ti misma. Algunas veces crear un pequeño ritual para fijarte una meta en verdad ayuda, lo hace sentir más real.

Una manera de hacerlo es crear una caja de propósitos. Todo lo que necesitas es una caja pequeña, como un alhajero o un pequeño recipiente de metal, de los que encuentras en las tiendas de antigüedades. Después toma un pedazo de papel y escribe tu propósito. Puede ser la manera en la que imaginas tu vida (estoy en una hermosa casa soleada, rodeada de hijos) o tal vez un problema para el que estás buscando solución. Usa un hermoso papel y bolígrafos de colores si eso vuelve el ritual más divertido, aunque no importa si no lo haces. Incluso puedes hacer dibujos; todo depende de ti. Lo único que quiero que hagas es que escribas un propósito de una manera que sientas que es real. Colócalo en la caja y déjalo ahí. Cuando la cierres, trata de imaginar que lo que has puesto ahí ya está hecho.

Cada vez que notes la caja, recuérdate que todo lo que está ahí ya está hecho, ya te has encargado de ello o lo estás haciendo. Ésta es una manera poderosa de comenzar a planear tu vida. Cada vez que pienses en otro propósito, escríbelo y ponlo en la caja. Después de un año, abre la caja y lee tus propósitos. Apostaría a que varios de ellos ya están en tu vida.

Lo que quiero decir es que (lo tienes que asumir) muy probablemente no tienes idea de cuáles son estas cualidades. Así que no tienes que enlistarlas, porque no podrías si trataras. Tal vez tus amigos más cercanos podrían reunirse y sacar algo relevante, pero esto no es muy necesario. Ni tendrás que (necesariamente) pasar 45 minutos contestando un cuestionario en línea o convertirte en un redactor amateur al rellenar el perfil más completo en PlentyOfFish.com. Hay una manera más sencilla de saber lo que necesitas.

Hela aquí. Primero, haz un propósito sobre un hombre al que puedas ayudar a crecer a su máxima expresión (y que pueda ayudarte a ti); ahora mira quién se aparece. Si hiciste el propósito de estar con un hombre y mantienes firme el propósito, aun si es por una semana o un mes, tu propósito será una excelente oportunidad de crecer como persona (y viceversa) en las formas que necesitas hacerlo.

¿Cómo puedo estar tan segura? Porque sé que lo que necesitas en cualquier momento suele estar hasta arriba de la pila de propósitos. Así es como funciona la vida. Hablando metafóricamente, cuando buscas esa playera en particular que tienes que vestir esa noche, la vida pone el suéter perfecto que combina con tus jeans justo donde puedes verlo, y lo mejor es que ¡está limpio! Todo lo que debes hacer es ponértelo.

No importa el motivo, en esta área de la relación, conseguir lo que quieres *vs.* confiar en que la vida te dará lo que necesitas, es donde muchas mujeres son muy reacias a cambiar. Como mi amiga Kim. Una mujer maravillosa con unos rizos increíbles. Kim está muy segura de lo que necesita: el tipo de hombre que se encuentra en un club de yates. Tal vez porque

DATE CUENTA DE LO QUE NO TIENES

Piensa en todas las cosas que has deseado en tu vida y no obtuviste: el papel principal en la obra de bachillerato. La chaqueta del Sargento Pimienta de la colección 2009 de Balmain. El chico llamado Owen con cabello rizado y que vive en Pittsburgh. El magnífico trabajo justo después de la universidad.

Ahora pregúntate cuántas de estas cosas aún deseas. ¿Estás tranquila aunque no las hayas obtenido?

De cierto modo, éste es el ejercicio de acompañamiento para la caja de propósitos. Te enseña a no ponerte muy específica sobre cómo piensas que tu vida necesita ser, porque cuando realmente examinas tus deseos pasados, se vuelve claro que no necesitabas todos ellos. Varios de los qués y quiénes que crees necesitar en estos momentos, terminarán en la misma cápsula del tiempo, una bonita nota al pie de tu historia. Así que quizá también deberías grabar eso en tu entendimiento de la situación actual, en lugar de desperdiciar tiempo en una fantasía sobre la vida que quieres tener con un chico en particular.

Kim, de 27 años, tiene unas piernas dignas de *Dancing with the Stars*, no se conformará con nada menos que el mejor partido. Quiere un monumento de hombre: alto, hombros anchos, melena espesa. No quiere decirlo, pero trabaja para verse bien, tiene un puesto alto en relaciones públicas, y sé que se siente, en algún grado, merecedora de un tipo que robe tantas miradas como ella.

Kim tiene citas casi todos los fines de semana, varias de ellas porque es muy hermosa, y, cuando hablamos sobre el tema, suele admitir que tal vez debería haberse interesado más. Lo importante es que Kim no puede emocionarse con un hombre que considere un bobo. Pero lo que Kim llama “bobo”, yo lo llamo material de matrimonio. Porque después de todo, ¿qué es lo que le han dejado todas esas citas además de mantenerla soltera aun cuando ella quiere casarse?

Enfoquémonos un momento en lo que la chica superficial "quiere". Diría que 98% de ellas quieren algo de esto: chicos hermosos y chicos ricos. Quieren alguien que llene su fantasía de la atracción sexual perfecta (con bebés hermosos, por supuesto) y/o gane suficiente dinero para que puedan vivir en una casa hermosa en un vecindario elegante sin tener que laborar en un empleo casi insignificante. De alguna forma, las chicas superficiales no son tan superficiales como ingenuas. Sueñan con cierto tipo de vida, con un cierto tipo de hombre, y no quieren soltar ese sueño. El problema es que cuando piden tanto, terminan navegando en aguas que rondan los 40 años. Y, en serio, ¿qué es exactamente lo que esperaban? Vayamos por partes, primero con los chicos guapos.

La chica superficial suele someterse a su necesidad por la química. Un dicho habla de que lo que atrae a una persona suele estar acorazado. No es tan simple. A mi parecer, hay aproximadamente tres tipos de atracción:

1. ¡No, claro que no! Su presencia te es completamente indiferente o incluso repulsiva. Estás muy segura de que sus genes no coinciden y así es como la naturaleza los mantiene separados. No-va-a-suceder. Bueno, está bien, no tienes que salir con él pero no tienes que ser mala tampoco.

2. ¡Sí, claro que sí! Es el chico hacia el que sientes tanta atracción sexual que quieres casarte con él desde que ves una foto en internet. La clave para salir con alguien desde este alquímico comienzo es saber qué tipo de chico te atrae así.

Si en el pasado te atrajeron locamente algunos de estos chicos (uno solo no es una muestra confiable) y ahora resulta que tienen un empleo en IBM y quieren un compromiso serio e hijos, ¡ve por ellos! Pero si los chicos que te atrajeron así padecen de fobia al compromiso, son chicos malos, mentirosos, infieles, sociópatas, etc., aléjate de ellos. ¿Por qué escoger sufrir? Te harás un enorme favor si te convences de que nada cambiará esta vez.

3. Mmm, me pregunto... Es el chico con el que platicas una hora en la fiesta aunque ni siquiera notaste cuando llegó. Te sorprende un poco disfrutar la plática y en algún momento lo miras y te preguntas si podrías besarlo, y si lo hicieras, cómo sería. No estás segura. Ni siquiera puedes imaginar cómo podría suceder, en el fondo, aunque sigues ahí sentada considerándolo. Mmm, me pregunto...

Quiero que comiences a salir con varios números tres. Sólo considera que no sabrás qué te espera con este chico hasta que, por lo menos, lo beses, y tendrás una mejor idea si comienzas una relación con él y pasan, digamos, 90 días. El tipo de relación basado en este tipo de atracción tiene una cualidad que se desdobla; es más compleja, lo que en parte explica la tendencia a terminar en matrimonio. Lo importante es: ve por un chico que te interese, no que desees mucho.

Trampa 22 sobre la química (como varias de nosotras ya nos hemos dado cuenta): parece que sacamos lo mejor de nosotras con el hombre menos apropiado. Para mí tal vez es posible, porque mis padres eran un desastre, pero los tuyos no tienen que ser tan malos como los míos. Tal vez a tu papá sólo le gustaba coquetear o beber o apostar. Y tu mamá tenía problemas de ira o era muy controladora o hipocondriaca; eso bastaría para tener una gran química con

ES SEXY Y ES MI TIPO

Una amiga me contaba hace poco sobre un chico que la atraía. Ella tiene 32 años y quiere sentar cabeza y tener un hijo. Pero por teléfono me contó que el chico que le gustaba era "sexy". Como si fuera algo positivo.

Amiga: En serio, Trace, ¡es tan sexy!

Yo: ¿Sexy? o ¿zorro? ¿Qué te atrae de un zorro sexy? Los zorros se meten a los gallineros y matan gallinas.

Lo sexy no sólo es ser bien parecido. Sexy es un estado de la mente. En el mundo animal, los zorros cazan gallinas y roban sus huevos. Eso es lo que también hacen en el mundo de las citas. En mi experiencia, lo zorruno está inversamente relacionado con el compromiso.

En este punto de mi vida (de hecho, cualquier momento después de mis, oh, 23) preferiría no someterme a un hombre sexy, de la misma manera en que ya no como una bolsa entera de M&M's. Es maravilloso mientras dura, pero estoy segura de que en algún momento me sentiré mal y me preguntaré si en verdad valió la pena. Y ya que sólo conozco a dos mujeres que se casaron con sus chicos sexys (y una de ellas tiene un Pilates Reformer en su casa), la verdad es que hay pocas probabilidades de que el Sr. Sexy dure lo suficiente para que valga el esfuerzo.

algunos pésimos chicos. De hecho, puedes saber cómo experimentaste la energía de tus padres (y en especial dónde te lastimaron) al descubrir las cosas con las que lidias en las relaciones.

Yo solía fijarme en los ingeniosos donjuanes. Como este tipo que me gustaba, Justin. Muy apuesto, con una carrera en Hollywood, este chico sabe lo que las mujeres quieren y lo usa. Una vez, cuando estaba en una atiborrada galería de arte, Justin pasó enfrente de mí. Y justo cuando se deslizaba por ahí (de frente a mi espalda bum), dejó caer su mano en la mía y frotó sus dedos en la palma de mi mano. ¡En la palma de mi mano! Hablando de química, sabía que si llegaba al laboratorio, los vasos de precipitados se romperían. No obstante, aunque fuera muy tentador, ya había aprendido de mi tercer esposo adónde te lleva ese tipo de hombres, y era una experiencia que no necesitaba revivir. Supe cómo detenerme ahí. Congelarme. Empezar a pensar analíticamente. ¿Pero quién era este tipo Justin con el que tenía una fabulosa "química"? Vamos a analizarlo:

- Nunca ha tenido una relación a largo plazo.
- Está por cumplir 40 años pero tiende a salir con mujeres (niñas, en realidad) de 20, porque puede. Las mujeres con las que sale se ven como Audrina de la serie *The Hills* si hubiera ido a la universidad, o tal vez asiáticas.
- La foto de su perfil en Facebook lo mostraba en bata y bebiendo martinis.
- Conduce un *muscle car* antiguo.

Sólo son cuatro características y ya es muy obvio que Justin podría ser un monumento de hombre, pero no va a ser el marido de alguien en los próximos minutos. Al menos no el buen marido de alguien. Claro, tal vez cuando tenga 47 años se consiga a una de 28, la embarace y tenga uno o dos hijos. Pero sabes que para cuando los niños tengan cinco y siete, él estará frotando la palma de la mano de una mamá atractiva en el evento para recaudar fondos de la escuela de sus hijos. Argh. Y gracias a Dios, no tengo que ser su esposa y aparentar que no lo noto.

Vamos, ahora ya sabes que los chicos atractivos no son todo lo que dicen ser. Ahora hablemos de los chicos ricos. Los chicos con el trabajo soñado, apartamento, auto y cuenta de banco. Obviamente, ser pareja de alguien que sabe cómo mantener un trabajo y paga la renta cada mes (no importa lo mucho o poco que pague) es algo bueno.

Pero sabes que te encuentras en la parte superficial de la piscina de las citas cuando dejas ir a alguien decente con trabajo estable, alguien por quien dirías: "Mmm,me pregunto...", para esperar al que gana más y por el que te sientes más atraída.

En lo que piensan pocas chicas superficiales es que, aunque hay ventajas al casarse con un hombre con buen sueldo, también hay desventajas. Pero después de 14 años como madre, y más o menos el mismo tiempo en el mundo del entretenimiento, he hecho algunas observaciones sobre los papás de clase media y los papás ricos.

1. Los hombres ricos nunca están en casa. Bueno, casi nunca. Pero sin duda están en casa menos que un hombre que tiene un ingreso de clase media. Nadie te paga bastante por ir de 9:00 a 17:00 a la oficina.

2. Los matrimonios con altos ingresos suelen ser muy tradicionales. Alguien tiene que quedarse en casa y cuidar a los niños. Y cuando hay mucho dinero y la mujer no trabaja, ese alguien suele ser la mujer. Por lo que he visto, esta dinámica funciona mejor cuando los niños son muy pequeños, de menos de cuatro años. Porque conforme los niños crecen, cualquier carrera que hayas hecho tiende a desvanecerse, y para cuando hayan pasado diez años, hay mucha desigualdad. Nadie quiere admitirlo, porque por lo general estas mujeres tienen casas hermosas, hijos y vidas. Si prefieres algo más tradicional, esta opción podría ser para ti. Sólo debes tener en cuenta qué tipo de mujer eres y asegurarte de que no estás vendiéndote por un sueño que ni siquiera es tuyo.

3. Las esposas de hombres ricos sí tienen un trabajo: administrar el hogar. Mantener un hogar requiere mucho trabajo, especialmente cuando es una casa grande y hermosa. Y cuando tienes un marido que gana mucho dinero, por lo general no se preocupa en dividir a la mitad contigo lo que hay que planchar. Ni tampoco se preocupará por empacar los almuerzos (nadie te dijo que por lo general las escuelas privadas ¡no tienen cafetería!), compartir el auto o esperar a que llegue el plomero. Todo eso es tu trabajo cuando tienes un hombre que gana medio millón de dólares al año. Podrías pensar que tienes el dinero para contratar a alguien para que haga todo eso por ti, pero incluso si tienes trabajadoras domésticas de planta, tu trabajo será contratarlas, dirigirlas, despedirlas y, obviamente, hacer su trabajo cuando enfermen. Lo que significa que no sólo extrañarás tener un compañero para hacer todo ese trabajo, sino que tus hijos tampoco podrán ver que un hombre también hace todo eso. Y ¿realmente peleamos por igualdad en los años setenta y ochenta para regresar a los cincuenta? Tal vez.

4. Es difícil que los hombres ricos vuelvan a casarse. El divorcio casi siempre apesta, pero si estás casada con un hombre rico, incluso puede ser peor. Podrías tener las cuentas pagadas. Pero existe la posibilidad de que termines peor que la ex esposa de un hombre con un sueldo honesto, debido al caso del hombre rico número 1 mencionado anteriormente. La otra cuestión es que, si te divorcias, puede ser difícil conseguir otra pareja. Pocos hombres se sienten a gusto saliendo o casándose con una mujer a la que, básicamente, la mantiene otro hombre. El ex ejerce mucho poder sobre ella.

Encontrar un hombre acaudalado podría representarte tantos problemas como los que solucionaría. Así que, ¿qué te parece si revisas tu lista dos veces para cambiar y salir con alguien muy agradable?

ASUNTOS ESPIRITUALES QUE TE AYUDARÁN A CAMBIAR

Aquí es cuando varias chicas me dirán, con una voz muy intensa: "¿Quieres decir que no puedo salir con chicos que me atraen?" Relájense, mujeres. No estoy diciendo que te olvides de encontrar alguien que te gusta.

Lo que te pido es que ahondes más en la idea de qué es lo que te atrae y cuestiones tus suposiciones al respecto. La atracción no es algo que necesariamente te "suceda". Es un proceso dinámico que te da mucho espacio para hacer todo tipo de elecciones, algunas de las cuales funcionarán mejor que otras.

Algo más sobre la química: sé que tiene que ver con feromonas o algo así, pero a un nivel espiritual, creo que se trata de algo más. Creo que lo que acerca a dos personas (justo después de la lujuria, estatura, dinero, ojos azules o lo que creas que te atrae) es que hay algo que tienen que aprender uno del otro, y nadie más puede ayudarles a descubrirlo. Y por ayuda me refiero a causar tanto dolor en el otro que no hay posibilidad de que la otra persona escape de esta lección.

No es que no puedan tratar. Eso se llama divorcio, y la gente lo hace a diario. Pero como bien puedo decirte, eso no significa de ninguna manera que estés evadiendo tu lección de la vida. Sólo quiere decir que lo harás con algún otro compañero, que puede ver tu historial podrido y concluir que lo que pasa en su relación tal vez sea tu culpa. Y tendrás poco para defenderte, porque ya has estado en ese lugar. Así que si el chico que tienes es decente, deberías quedarte con él.

Y aquí es donde se aparece otra gran idea espiritual: obtienes lo que eres. Algunas veces a esto lo llaman las reglas de la atracción. Puede significar varias cosas, pero en este caso significa que tu partido siempre será, bueno, tu partido. Así que si eres superficial, eso es lo que atraerás. No hay excepciones. Gustar siempre llama a gustar. El budismo zen lo dice así: como es arriba, es abajo; como es adentro, es afuera.

Como ejemplo, vayamos al principio de este capítulo, donde el tipo sólo quiere salir con 8, 9, 10. Derek es doctor, mide 1.80 metros, es atractivo, gana casi medio millón al año y tiene un futuro promisorio. Derek piensa que casi toda mujer busca dinero. (De hecho, no todas. Sólo las más atractivas.) No se da cuenta de qué tan arraigada tiene esta idea, lo cual lo vuelve un partido perfecto para las mujeres que no saben que cosifican a los hombres.

Pero si miras de cerca, puedes notarlo. Sírvele un par de tragos (bueno, cuatro) y haz que hable de mujeres. Derek confesará que gusta a las chicas sólo porque es médico (¿por qué los doctores nunca se llaman a sí mismos doctores?).

Y porque cuando lo ven aparecer (en su Range Rover, nada más) lo perciben como $$$. Claro, no toda mujer es así, pero, curiosamente, cerca de 95% de las mujeres que cumplen los requisitos de Derek son así.

Lo que me resulta más interesante es que pocas novias de Derek empezaron la vida como un ocho. Al igual que Derek iba buscando un número más alto, también lo hacían las mujeres con las que Derek salía. Añadieron algunos dieces a su calificación de la manera habitual: desvanecieron un poco el tono del cabello, cambiaron las caminatas por exhaustivas clases de spinning cuatro o cinco veces a la semana, y en el caso de al menos dos de ellas, se sometiéron a un aumento de busto o a una reducción de nariz.

No hay nada malo en esto, pero tampoco es coincidencia que estas "mejoras" son lo que las hizo atractivas para Derek. Cuando las personas, ya sean hombres o mujeres, se acercan como objetos para "atrapar" otros objetos, sólo terminan con la versión opuesta de ellos. Algunas veces esto funciona: él gana dinero, ella pasa sus días viéndose bonita; pero hay una forma mucho más divertida de matrimonio. Y a pesar de que Derek tiene claro cómo escoger estas mujeres (y ellas para escogerlo), él ha confundido lo que viene de su interior con lo que hay "allá afuera".

Hablemos del cambio. Es simple. Te diriges a lo profundo. Quieres hacer un cambio consciente sobre cómo te acercas a los hombres que conoces, todos, no sólo aquellos en los que estás interesada. Empieza haciendo un esfuerzo para hablar con hombres con los que antes no habrías hablado. Esto es bueno por un par de razones. Primero, cuando no quieres nada con un hombre, es más fácil concentrarte en quién es como persona. Segundo, conforme te acostumbras a hablar con hombres sin un trasfondo, te darás cuenta de que notas más sus cualidades individuales: su forma de ser, los rasgos que tiene o no tiene. Escuchas realmente lo que un chico te dice. A pesar de lo que pueda hablar, escucharás mucho sobre su carácter. ¿Cómo ve el mundo? ¿Cuáles son sus creencias sobre la vida? ¿Quién cree que es y cuál cree que sea su propósito en el planeta? No puede exagerarse: el carácter es la cosa más importante que buscas en un hombre. Después de que la curva de la felicidad llega a un climax, las arrugas aparecen y la fase súper sexy termina, sólo te quedará el carácter de un chico. Así que es mejor que sea bueno.

Adquirir este hábito tendrá consecuencias en la forma en que interactúas con hombres en los que realmente estés interesada. En lugar de ver si los deseas o no, empezarás a pensar más en quiénes son en su interior. Hazte estas preguntas: ¿quién era ese chico de la secundaria? ¿Qué esperaba ser? ¿Cuál es su mayor deseo en la vida? ¿Soy una persona que podría acompañarlo en su camino?

Conforme empiezas a poner más atención (más profundidad) en tu relación con los hombres, no sólo verás algo diferente en ellos, también empezarán a ver algo distinto en ti. Todo se reduce a la energía que irradias, la cual siempre, y quiero decir siempre, vuelve exactamente como tú la mandaste. Es como un búmeran. Si transmites algo profundo, recibirás algo profundo.

Sin importar las cualidades que busques en un compañero, te garantizo que lo que buscas es muy simple: quieres amor. Quieres paz. Quieres una vida en común armoniosa con una persona que también quiera y sea capaz de crearla contigo.

Lo que no te dijo el último chico con el que saliste

Así que después de leer el capítulo 2, ya sabes por qué ese fabuloso chico sólo salió contigo una vez. Veámoslo de nuevo, para resumir:

- Eres superficial. Te enfocas en cosas superficiales y no prestas mucha atención a lo que es importante, como el carácter de un hombre.
- Eres perfeccionista. Eso es en realidad ser superficial. Tratas a los hombres como objetos o cosas que te completarán a ti o a tu vida de alguna manera. Los hombres buenos notan esto a kilómetros de distancia y te evitarán.
- Madura. La frivolidad viene de pensar como una adolescente que está muy preocupada por lo que los demás piensan.
- Deshazte de tu lista. Deja de buscar lo que quieres. Debes buscar lo que necesitas.
- Ve más profundo. Mira a la persona dentro del hombre. Observa lo que lo motiva, descubre de qué se trata el camino de su vida, y realmente pregúntate si hay algo en ti que se sentiría a gusto siendo parte de este camino.

3. ERES UNA ZORRA
O POR QUÉ EL SEXO SIN COMPROMISO QUIZÁ NO TE LLEVE AL MATRIMONIO

1. ¿Tienes sexo regularmente con hombres que no tienen ningún compromiso contigo?
2. ¿Te has dado cuenta de que te enganchas a hombres con los que sólo querías tener sexo casual?
3. ¿Sientes que el sexo con una pareja es el sexo que realmente cuenta?

Seamos directas: puedes tener sexo con quien quieras. En verdad no me importa lo que la gente haga con sus cuerpos en privado; no estoy aquí para moralizar. Sin embargo, el comportamiento sexual es un componente de tus citas y una parte de tu vida en pareja. Cuando hablo con una mujer sobre su vida en pareja, uno de los primeros temas que abordo es el sexo. ¿Cuándo tienes sexo con un nuevo compañero? ¿Qué haces en los intermedios? ¿Intentas mantener amigos con beneficios? ¿Funciona? ¿Cómo te trata tu vida sexual? ¿Tener sexo con alguien tiene un impacto sobre tu decisión para el matrimonio, es decir, cómo, cuándo y con quién?

Ser una zorra es sólo uno de esos factores. Sí, ya sé que "zorra" es una palabra provocativa. Y realmente no quiero decir que ser promiscua sea algo malo *per se*. Es decir, siempre y cuando te trates a ti misma bien, ¿quién puede juzgarlo?

Pero tener sexo con hombres con los que no tienes ningún compromiso, o viceversa, puede ser problemático en varios aspectos en los que tú ni siquiera piensas. En especial cuando se trata de casarte.

Hay algo biológico detrás del sexo, las citas y las parejas que están, en la mayoría de los casos, más allá de la divertida idea de que puedes tener sexo con un chico y mantenerlo entretenido y poco serio. En teoría, eso es posible. En la práctica, raras veces funciona. (Conozco la gran cantidad de dos mujeres que pueden hacerlo con éxito.) Como me gusta decir, el sexo casual es como la heroína recreativa: pierde lo recreativo con el tiempo. El sexo, en especial el buen sexo, crea hábito. Y debido a eso, puede entrometerse en el proceso de formar un tipo de relación que lleve al matrimonio.

De qué se trata realmente

De lo que hablo es del sexo casual. Y a lo que me refiero con eso es a tener sexo fuera de una relación con compromisos. No tienes idea de lo mucho que me molesta sonar como un político conservador (porque en realidad no lo soy, no, no, no), pero en mi experiencia de 30 años de citas y de hablar con mujeres sobre sus relaciones, he llegado a una conclusión similar, aunque por razones completamente diferentes. No digo que tengas que meterte en hielo, pero si eres el tipo de mujer que se enreda en relaciones sexuales que no te llevarán al matrimonio (y tú quieres casarte), tendrás que replantearte tu enfoque sobre el sexo.

El sexo casual es la mayor mentira que haya existido. El sexo nunca es casual. Siempre será una cosa que trae bebés al mundo, construye reinos y los destruye, y hace que la gente mate a su consorte. El hecho de que haya habido toda una década, del *Verano del Amor* (1967) al *Verano de Sam* (1977), cuando las personas podían fornicar con quien se les pegara la gana, ha causado mucha confusión en la sexualidad moderna. Sólo tuvimos la mala suerte de haberlo plasmado en tan buena música, películas y televisión, que podemos convencernos de que puede funcionar también para nosotros.

Es importante saber que todo sexo casual no se da de la misma forma. Hay diferentes tipos de sexo casual: el que sales a buscar, en el que te quedas y el que ni siquiera sabes que es casual porque el chico con el que lo tienes no te dice que no siente ningún compromiso contigo. De hecho, hay tantos tipos de sexo casual como chicos que sólo quieren tener sexo contigo a veces. Aquí te presento algunos de los tipos más comunes de los que puedes encontrar:

- El canalla. Éste es el bribón al que le gusta obtener el afecto de mujeres hermosas e interesantes y que finge, disimula o miente para obtenerlo. Tal vez no mienta abiertamente sobre relacionarse contigo, pero ciertamente dejará que te mientas a ti misma. Este tipo suele encontrarse en algunas profesiones que le brindan acceso a muchas mujeres hermosas, como fotógrafo de modas, barman o ejecutivo de publicidad.
- El Peter Pan. Este tipo no puede ser serio contigo porque no puede ser serio consigo mismo. Recorre la ciudad en patineta y se arregla muy bien con su ropa de tienda de segunda mano. Te verás inventando excusas con tus amigos sobre

sus tres compañeros de piso, sus hábitos de beber y fumar y su empleo en una cafetería. Para lo único que es puntual es para el ensayo con su banda. Te la pasas deseando que se decida a crecer, pero acéptalo, eso nunca va a suceder, al menos no en tu turno.

- El que se enfoca en su carrera. Algunos tipos se concentran tanto en su carrera, que no tienen energía para ponerla en una relación. A las mujeres les encantan los que se enfocan en su carrera porque son un prospecto; se asemejan mucho a materia para marido porque trabajan duro, suelen ser educados y con frecuencia tienen carreras que reportan buenos ingresos. Pero no te equivoques: un tipo que quiere enfocarse por completo en su carrera puede robarte años si lo dejas. La cualidad que lo compensa es que es honesto sobre dónde se encuentra y sólo busca mujeres que estén de acuerdo con eso. Algún día se comprometerá, pero no contigo, a menos que todavía tengas 31 años cuando llegue a ser vicepresidente. Lo cual no sucederá, porque en estos momentos tienes 31.
- El infiel. Éste es el tipo con el que no puedes comprometerte porque está comprometido con alguien más, en la peor manera posible. ¿Qué puedes decir de este tipo, excepto que, si te gusta, tal vez tengas trabajo por hacer en tus terapias sobre tu padre? Otras versiones incluyen al tipo que se vuelve cercano a tus emociones, como una mejor amiga, pero sin sexo, porque tiene, después de todo, una relación con su novia en turno. Y también está el tipo que te frecuenta porque está muy cerca de terminar una relación con su esposa o amiga con la que todavía vive. No debería representar ningún problema identificarlo, pero si un chico está comprometido de cualquier manera con una mujer, déjalo.

- El misterioso. A este tipo le gusta tanto tu atención que deja entrever la posibilidad de una relación contigo, pero nunca termina de afianzarla. Te llama o te envía mensajes de texto suficientes para mantenerte interesada sin realmente establecer ningún compromiso. Es como la descripción de una crema de belleza ultracara: escrita con tanto cuidado que realmente no sabes qué promete, pero te da la impresión de que será maravillosa. Y, ah, ¿el envase en el que viene la crema? Fabuloso. Es muy frustrante porque suele existir una mujer con la que quiere comprometerse, sólo que no eres tú. Es una mujer peligrosamente bella que toca las percusiones en una banda de rock. O algo por el estilo.
- El Jack Nicholson. Por último, pero no menos importante, el tipo que nunca se comprometerá. Nunca. ¡Pero su desenfadado encanto te mantiene ahí! Podría tener dinero, atractivo sexual o humor, pero, en cualquier caso, únicamente es más divertido que otros hombres, en parte porque está libre de pensamientos sobre los demás hombres; ¡sólo piensa en él! Si vas a enredarte con alguno de los tipos antes mencionados, éste es tu mejor apuesta, porque sólo la chica más ingenua cree que atrapará a Jack Nicholson. Eso y el hecho de que también está viejo.

Vale la pena notar que ninguno de estos tipos es un mal chico. Sólo tienen motivos propios, y se encuentran en una etapa de su vida en que motivos propios significan estar abiertos a más de una mujer. No hay nada de malo en eso. A menos que estés tratando de *1)* hacerlos cambiar, y *2)* esperarlos.

Si ninguna de estas opciones es el caso, podrías esperar por un largo tiempo. Me cuesta trabajo pensar en una mujer que no haya desperdiciado meses (o años) de su vida con un chico con el que supuestamente tenía una relación casual. Parece acentuarse más conforme la mujer envejece, pero sucede a toda edad.

POR QUÉ MELISSA NO SE HA CASADO

Mi amiga Melissa es uno de los casos más extremos de este fenómeno. Empezó a salir con un chico francés muy guapo de nombre Pascal a principios de sus treintas. Durante los

NO NECESARIAMENTE SE VIVE MEJOR A TRAVÉS DE LA QUÍMICA

El proceso de crear lazos y enamorarse es parte de todo un sistema diseñado para mantenernos interesadas en un hombre lo suficiente para tener un bebé con él. Éstas son las sustancias químicas que ayudan en el proceso: oxitocina, dopamina, serotonina. Estos químicos te hacen sentir bien. Producen la sensación de estar "enamorada"; de hecho, en cierta medida, éstos son la sensación de estar enamorada. Si no tuvieras estos químicos, no sentirías amor.

Antes de que supiera sobre la biología del apareamiento, pensaba que algo estaba mal en mí. ¿Cómo no pude saber cómo fornicar con un tipo y seguir con mi vida? Parecía que todo el mundo lo hacía, al menos en la TV y las películas, sin darle mucha importancia. Todos excepto yo. Siempre empezaba deseando al chico. Ilusa.

Desperdicié años tratando, sin éxito, de tener sexo casual. Crecí en los setenta y realmente esperaba que al cumplir 18 años tuviera mucho sexo. Casual. Vi *Fiebre de sábado por la noche* el verano antes de entrar al octavo grado y no podía esperar. ¡Nueva York! ¡Baile! ¡Vestidos! Estaba súper clavada con Tony Manero y con la idea de tener sexo afuera del club en el asiento trasero del auto de Double J. Pero eso no fue lo que sucedió.

Lo que sucedió fue que me besé con un tipo hacia el final del décimo grado y terminé en una relación de dos años y medio con él. Y cuando terminamos, me besé con otro tipo y terminé casándome con él. Después de cinco años nos separamos, y el siguiente chico con el que me besé, terminó en una relación de un año. Y así seguí. Si me involucraba sexualmente con un chico, y me refiero incluso a un par de sesiones de intensos besuqueos, terminaba unida a él. No me casé con todos ellos. Ni siquiera inicié una relación con todos ellos. Pero sí terminé unida de alguna forma a ellos.

Por lo cual, cuando los químicos disminuyen naturalmente entre los 18 y 24 meses en una relación, algunos (y por algunos me refiero a mi yo pasado) sienten que ya no están "enamorados", y piensan que eso significa que tienen que dejar la relación por alguien más para sentirse "enamorados" de nuevo. No saben que el "enamoramiento" es básicamente un estado químico. Piensan que está relacionado con la persona.

No está relacionado. No necesariamente.

cuatro primeros meses, parecía que las cosas se desarrollaban de manera natural. Pascal no necesariamente era un prospecto a largo plazo, pero tenía una agradable charla de almohada, la llamaba "Chérie", y definitivamente tampoco descartaba esa posibilidad. Los problemas empezaron cuando en la relación se introdujo el habitual "vayamos más profundo"; acontecimientos cruciales como tener un cepillo de dientes en la casa del otro, estar juntos en un día festivo o conocer a los padres. Pongámoslo de esta manera: para Melissa, esos hechos nunca se cristalizaron.

Para cuando habían pasado nueve meses sin un progreso real en la relación, Melissa se había dado cuenta: Pascal no tenía intención de comprometerse más. Terminó con él. O lo intentó. De manera poco sorpresiva, después de un mes empezaron a "extrañarse".

Tras algunas llamadas etílicas, Melissa decidió tomar otro enfoque. ¿Por qué no mantenerlo casual? Después de todo, en ese momento ningún otro prospecto le interesaba más y el sexo era increíble. Así que, ¡vamos! ¿Por qué no?

Porque eso fue hace nueve años. Por eso.

Melissa ha salido con un montón de chicos, algunos le gustaban bastante, pero sigue regresando con Pascal. ¿Por qué? Ninguno se acerca a la intimidad, la diversión. Tiene una larga historia con Pascal. Sí, hay psicología envuelta, amar a un hombre no disponible... bla, bla, bla. Pero a un nivel más profundo, biológico, Melissa se queda con Pascal por una razón más clara: está atada a él.

Pasar años con un tipo como Pascal se parece un poco a comprar un auto sin saber cuánto cuesta, porque el total será pagado durante los años perdidos en que Melissa tiene fabuloso sexo con Pascal.

Esto es lo que quiero decirle a Melissa: puede parecer de 30 años, pero sus óvulos parecen de 40. A ti también te lo digo: no tienes tantos óvulos, chica. Qué pu...ntada, pero es cierto, y si quieres casarte y tener hijos, en ese orden (no es que el orden me parezca muy importante), tienes que ser consciente de esto tan pronto como sea posible.

El meollo está en que todo el proceso de envejecimiento se da gradualmente. Lo he visto en al menos seis amigas. Un día estás a principios de tus treintas, tratando con varios hombres apuestos e interesantes, y cuando te das cuenta ya vas para los 40 años. Ninguna etapa de tu vida pasará más rápido que de los 32 a los 37: la diferencia entre "tengo mucho tiempo" y "¡PM!" No quiero asustarte. Sólo quiero decir que he visto a muchas buenas mujeres que no entienden que sus treintas son cosa seria. Tal vez tengas que tomarlo en serio muy pronto si quieres empezar una familia sin la necesidad de visitar una clínica de fertilidad.

NOTAS DE MI VIDA COMO UNA NOVIA EMBARAZADA

Aprendí esta lección en particular en carne propia. Tuve la mala suerte de quedar embarazada, de un chico muy agradable que estaba dispuesto a comprometerse, a los 31 años. Esto sucedió a mitad de los años noventa, antes de que todas las actrices de Hollywood tuvieran la fiebre de los bebés. Fui la primera de entre mis amigas, al menos de las que vivían fuera de Minnesota, en quedar embarazada. Créeme, cuando les di la noticia de que daría a luz el siguiente abril a mis amigas en Nueva York y L. A., todas me vieron como si estuviera loca. Pero una voz interior me dijo que quería ese bebé más que nada en el mundo, y, aunque había salido con el padre por menos de seis meses (cuando me di cuenta de que esperaba un bebé, técnicamente habíamos terminado), nunca tuve dudas. Maternidad, ahí voy; quiera el padre o no.

Pero, por supuesto, el padre quería tomar parte. Porque, después de tres años viviendo en Nueva York, un lugar donde no corría ningún peligro de estar comprometida (comprometida, tal vez, pero no comprometida con), me había hecho el firme propósito de salir únicamente con chicos que estarían conmigo. Eso significaba salir con "buenos" hombres, incluso si algún buen hombre no era del tipo que habría llamado mi atención mientras me paseaba por la Avenida A en East Village.

Viendo en retrospectiva, esto fue lo más inteligente que hice. No es que me dé todo el crédito por eso. Siento que ésta es una de esas lecciones que aprendes cuando la persona que está enfrente de ti tiene un accidente automovilístico y uno se salva por poco. En el fondo, sé que soy igual a mis amigas que están solteras y sin hijos a los 41 años; pienso y siento lo mismo que ellas. Es sólo que, debido a mi terrible infancia, nunca estuve segura de tener citas y sexo casual.

También tienes que saber que no estaba segura de salir con ese buen chico. En ese entonces estaba más que deshecha; ¿debería esperar a un *hipster,* del tipo que no viste overol en una gran fiesta en la casa de Adam Sandler? (historia verídica). Al final seguí mi instinto, elegí bondad en lugar de actitud, y aprendí una lección muy valiosa: hay cosas más importantes que lo que vista un chico en una gran fiesta de Hollywood. (De hecho, hay cosas más importantes en la vida que una gran fiesta de Hollywood.) Esto lo sé porque han pasado más de 15 años desde mi matrimonio con el

Sr. Overol y todavía es una persona tan íntegra como lo era entonces.

Está bien, la solución no está en que empieces a salir con chicos buenos, quedes embarazada por accidente y te cases con uno de ellos. Pero podría ser.

Algunas verdades relevantes sobre los hombres

Tal vez pienses que a estas alturas todos lo sabemos, pero los hombres no se enamoran por medio de sus penes. No lo hacen. La gran mayoría de los hombres puede hacerlo con desconocidas y amigas por igual, y no tienen problema en mantener esas relaciones justo como las quieren: a fuego lento. Tal vez sea porque son mejores para compartimentar, o tal vez porque no tienen tanta oxitocina como nosotras, pero las razones no importan, ¿o sí? Lo importante es que no importa cuánto buen sexo tengas con un chico, si no quiere no será tuyo.

Para la mayoría, si no el total, embarcarse en una relación a largo plazo es una decisión. Podrían tener los mismos potentes sentimientos que tú, pero un hombre saludable no se enamora exactamente. Quizás haga un balance real sobre el potencial de la relación, y, si le gusta lo que ve, se permita "entregarse" dejando ir algo. Después, conforme las cosas se van desarrollando, deja ir algo más y más, hasta que está por completo en la relación. Lo que deja ir progresa conforme va conociéndote, si eres de fiar, si estás cuerda, si el sexo es bueno, si piensa que le gustará compartir la vida contigo y lo más importante: SI ESTÁ LISTO.

Algunas ocasiones es difícil saber si la relación en la que estás es lenta para levantar el vuelo o si él sólo tiene sexo casual contigo. Muchos comportamientos se parecen, al menos en las etapas tempranas. Pero he aquí la diferencia: sabrás si un hombre está dispuesto a rendirse ante ti, porque te lo dirá.

Si el chico al que ves regularmente (y tienes sexo con él) no te dice que está loco por ti en los dos primeros meses, es muy factible que nunca lo esté. Y si todavía te preguntas, porque a nosotras, las chicas, nos gusta guardar una esperanza, aquí hay una forma de saberlo: si tienes que preguntarle a un chico si tienen una relación, entonces no la tienen.

También está un caso más confuso, en que el chico tiene una relación contigo pero no es muy profunda. Esto es lo que le sucede a mi amiga Érica. Ella ha estado saliendo con un cuarentón desde hace siete meses. Érica y Tony pasan cada fin de semana juntos y algunas noches entre semana. Tony es padre de tres y tiene una ex esposa que aparentemente ocupa tanto espacio en su disco duro que sólo tiene poco sitio para Érica. De hecho, Tony podría decir una relación "discreta", pero en la práctica lo que quiere decir es "casual". Porque a pesar de que Tony es monógamo, tiene empleo, una casa y cuando tiene tiempo libre lo pasa felizmente con Érica, en realidad no está disponible porque la relación no irá más lejos. Érica está muy tentada a imaginar un futuro juntos (señal de alerta porque el futuro está más allá de una relación casual) tal vez porque, en el fondo, sabe que no tienen un futuro más allá de lo que tienen en estos momentos.

Érica quiere esperar para discutir un plan de vida juntos cuando los hijos de Tony crezcan y la ex ocupe menos tiempo de su vida. Pero no habrá diferencia. Porque, a decir verdad, tener hijos y una ex esposa no es algo que detenga a un hombre si quiere adentrarse más en una relación, si quiere hacerlo. Tony no quiere. Ése es un hecho que Érica todavía no quiere enfrentar. ¿Y quién puede culparla? Nadie quiere dejar al hombre que ama.

Cómo tendrás que cambiar

Número uno: deja de salir con hombres que no estén disponibles. Nada te mantendrá tan soltera como relacionarte con algún hombre que no esté disponible.

Por eso, si quieres casarte en un futuro cercano, no puedo dejar de decirte que tengas mucho en cuenta con quién formas una relación. Como dije, podría empezar a tener sexo con, por ejemplo, Cuasimodo e inmediatamente después querría que me pidiera matrimonio. De hecho, siempre he pensado que otra interpretación de la *Bella y la Bestia* es que no importa realmente si el chico con el que estoy es feo o atroz, si me das un poco de buen sexo, me voy a quedar con el chico de cualquier modo. Desafortunado, pero aparentemente verdadero.

Así que si estás interesada en el matrimonio, tienes que pensar en que saltar a la cama con alguien es como escoger el barco con el que navegarías el océano Pacífico. Confirmarías

¿TODOS LOS HOMBRES BUENOS ESTÁN APARTADOS?

Definitivamente no. Pero una investigación reciente ofrece una pista de por qué podría parecerlo. Aparentemente, muchas mujeres encuentran más atractivos a los hombres que ya están en una relación.

Psicólogos sociales de la Universidad Estatal de Oklahoma mostraron una fotografía de alguien atractivo a voluntarios del sexo opuesto. A la mitad de ellos se le dijo que la persona ya estaba con alguien y a la otra se le dijo que era soltera.

El resultado es asombroso. Para los que ya estaban en una relación, no importó mucho que la persona de la fotografía fuera soltera o casada. Pero eso no sucedió con las mujeres solteras del estudio, quienes mostraron una preferencia abrumadora por los hombres con una relación. Cuando se les dijo que el hombre de la foto era soltero, 59% estuvo interesado en perseguirlo. ¿Y cuando se les dijo que estaba en una relación? Un abrumador 90% de mujeres solteras dijo que iría tras él.

Hay un término para este fenómeno: robo de pareja. Y aunque los investigadores piensan que es posible que los hombres en una relación sean más atractivos para las mujeres porque ya han mostrado que están dispuestos a comprometerse, los biólogos evolucionistas dejan una cosa en claro: el robo de pareja es sólo una de muchas estrategias de apareamiento humano, y para algunas uno muy efectivo. Sólo mira a las legendarias ladronas de pareja de Hollywood, como Elizabeth Taylor y Angelina Jolie.

que el bote es seguro para cruzar el mar, ¿verdad? Es mejor que no tenga fisuras, hoyos en la vela o equipo de navegación inservible. Lo mismo pasa con los hombres. No estás buscando; todo hombre en el planeta tiene defectos. Lo que buscas son cualidades basales de una buena persona (humor, bondad, honestidad) y la principal, disposición a comprometerse. Ni siquiera tienes que estar segura de que el tipo quiera comprometerse contigo, sino que tiene que estar dispuesto a comprometerse con alguien, en algún lugar. Y si tiene historial de comprometerse, es mejor.

Porque una cosa que sé es que no podrás hacer que un hombre se comprometa si no quiere hacerlo. Esto es muy importante, voy a decirlo una vez más:

No podrás hacer que un hombre se comprometa
si él no quiere hacerlo.

Si los hombres que no están disponibles son un problema para ti, esto podría ser lo más importante que te deje este libro. Incluso si logras que el hombre se relacione de alguna manera contigo, lo mejor que puede pasar es que conviertas a ese hombre en un mentiroso (ver capítulo 5). Y lo peor que puede pasar es que hagas de él tu saco para golpear; porque terminarás culpándolo por no comprometerse contigo.

Número dos: cuídate a ti misma. Algunas veces los hombres pueden ser una fuente de grandes consejos amorosos. Esto me sucedió recientemente. Estaba de visita en Roma, donde ahora vive un viejo amigo de la universidad. No lo había visto en por lo menos veinte años. Fuimos a comer y a ponernos al corriente. Incluyendo, por supuesto, nuestras vidas amorosas.

Hacía un tiempo que había terminado mi última relación, y, de hecho, me sentía bien. Casi sorprendentemente bien. ¡Vaya que estaba bien! Y había comenzado a preocuparme un poco. Porque, después de todo, ¡soy la chica que ha estado casada tres veces! Las relaciones son muy importantes para mí, y nunca pensé que llegaría el día en que no me importara si estaba en una. Como sea, después de un muy buen almuerzo, una caminata por la hermosa Roma y una parada en una *gelateria* (suspiro), mi amigo me dijo: "Tracy, eres una mujer cautivadora. No sientes cabeza".

Debo aclarar que esto lo dijo un antiguo profesor de inglés que ahora trabaja en una de las profesiones más emocionantes —productor de cine—, en una de las ciudades más románticas y hermosas del mundo. No me estaba enamorando de él, porque, para empezar, vive a medio mundo de distancia y, para terminar, estaba casado con una muy buena amiga. Aun así, él es un chico al que de seguro escucharías si te dijera que eres una mujer cautivadora y que no sentaras cabeza.

No sientes cabeza. Es un gran consejo. Lo que pasa es que esta frase suele malinterpretarse como "ir por y conseguir", todo lo que podrías haber anotado en una lista desde sexto año. No es lo que quería decir mi amigo. Lo que quiso decir es que vale la pena comprometerse (que lo hago) con alguien que realmente me merezca (que no siempre lo sé). Quiso decir que me cuidara de la misma forma en que cuidaría algo que realmente aprecio. Es un consejo que de verdad tengo que guardar. Porque cuando parece que un chico me ofrece algo, suelo querer tomarlo sin pensar. Otras veces estoy tentada a dejarlo. Sea como sea el caso, pierdo la perspectiva de la pregunta real: ¿esto es lo indicado para mí?

Asuntos espirituales que te ayudarán a cambiar

Existe un mecanismo espiritual en la vida que dice que tienes que dejar ir algo regular a fin de hacer espacio para algo fabuloso. Sí, todos hemos oído historias sobre la chica que está en una relación mediocre cuando algo fantástico se aparece y la toca en el hombro. Pero con más frecuencia sucede que conscientemente tienes que dejar ir algo que no quieres para decirle al universo que estás lista para lo que quieres.

Lo cual me lleva a la siguiente cosa que tengo que decirte y tal vez no te guste. Quiero que dejes de llenar el espacio en blanco en tu vida con chicos que no van a ser tu hombre. Deja que el espacio vacío se quede vacío. Sí, será doloroso. Podrías aburrirte o sentirte sola. Pero al fijarte la meta de tener una relación comprometida, estarás allanando el camino para encontrar a un hombre de otro nivel.

La razón principal por la que nosotras las mujeres salimos con chicos con los que nunca nos casaríamos es que nos sentimos solas y queremos sentir algo (o al menos algo mejor) ahora mismo. Pero no puedes meter un auto nuevo a la cochera cuando el viejo sigue ahí. Tal vez estés tan ofuscada con el Sr. No Soy el Bueno que ni siquiera puedes ver al Sr. Yo Soy el Bueno. (O él no puede verte.) O tal vez has llegado al punto en que es más cómodo quedarte en el tipo de relación que no funciona en lugar de dejarla ir. En cualquier caso, tienes que aceptar que si hubieras conocido a tu "verdadero" hombre estando con las "imitaciones", ya habría sucedido a estas alturas. A menos que quieras seguir arrancando hojas del calendario mientras te aferras a la idea de tal vez... tal vez.

Recientemente formé parte de un panel de discusión sobre el amor y las relaciones. En el panel también estaba una mujer de 39 años que quería casarse. Como sucede en estos casos, se levantó de la audiencia una mujer de 27 años y dijo:

"No quiero ofender a la dama, pero no deseo estar soltera a su edad".

Señalé que pocas mujeres planean estar solteras a los 39. Pero sucede. O más bien dicho, sólo sucede cuando pasas mucho tiempo con hombres sin intenciones de comprometerse contigo. Así que si estás en una relación en que te escuchas diciendo algo como esto:

- Sólo seguiré así hasta que se dé cuenta de cuán grandiosa soy y se comprometa.
- Sólo lo hago en lo que llega algo mejor.
- Sólo lo hago hasta... (llena el espacio en blanco).

... deberías dejar ir esa relación. Esto no es un ensayo, es tu vida. Sólo vas a estar una vez por aquí. ¡Aprovéchalo!

Cuando tu mente empiece a decirte que es injusto que tengas que estar sola cuando todo el mundo está teniendo buen sexo y los buenos sentimientos que lo acompañan, recuérdate que estás comprometida contigo, con tu propio plan de vida, así que eventualmente alguien se comprometerá contigo. Después de todo, si tú no crees que vale la pena comprometerse contigo, ¿quién lo hará?

Con respecto a lo que hay que hacer entretanto, tengo una sugerencia radical: desarrolla una relación sexual contigo misma que sea tan maravillosa como una que tengas con un hombre. Porque ésa es otra gran razón por la que mantienes cerca a esos tipos que no se comprometen, ¿verdad? Quieres sexo. Lo sé, el sexo se siente bien. Pero he aquí lo que tengo que decir sobre esto: eres maravillosa en la cama, aun si estás tú sola.

Hablemos de estar sola. Primero que nada, tengo que decirte que puedes llegar a un lugar donde puedes sentirte feliz y plena tú sola. Y cuando estés en ese lugar, atraerás a un tipo de hombres completamente distinto. El gran problema de estar sola: no hay pene. No digo que no haya sexo, porque todavía puede haber sexo. ¡El sexo está en todas partes! Es una energía que está por doquier. Más importante aún, está dentro de ti. Así que quiero que vayas y lo encuentres.

Sé que varias mujeres sienten que el sexo que tienen con ellas no es tan bueno. Esto simplemente no tiene por qué ser verdad. Está bien, tal vez no hay penetración, aunque si eso es lo que te gusta, también puede remediarse. Sé que suena cursi, pero puedes hacerte el amor. En serio. Se trata de llevarte a ti misma al estado de excitación, de llegar ahí, de ser cada cosa que quieres que un hombre sea. Y de crear en ti todos los sentimientos que quieres que un hombre cree en ti.

Esto puede ser más difícil de lo que parece. Después de todo, esto pondrá a prueba tu autoestima. ¿Qué tan dependiente eres de un hombre? ¿Puedes ser tu apoyo sexual? ¿El sexo es algo que llevas a una relación o te lo llevas de ésta? Podrías pensar que tienes sexo porque estás cachonda, pero hay probabilidades altas de que pienses que el único sexo "verdadero" es el que tienes con otra persona; ahí entran en juego algunos asuntos psicológicos engañosos. Como que quieres validación. Y una mujer que depende de la validación de los hombres no es muy buen material para el matrimonio.

Quiero proponer que desarrolles una relación sexual contigo que signifique tanto para ti como una con un hombre. De esa manera, cuando él llegue, se integrará a una fiesta qué ya empezó, no será el primer invitado.

Esto es un reto para la forma en que piensan muchas mujeres. Me dicen que "no es lo mismo" con ellas que con un hombre. Claro que no. Pero si el sexo con pareja es la definición de sexo, estás atorada para obtener algo (en este caso, alguien) para experimentar tu sexualidad. Eso no sólo es falso, sino que tampoco puede trabajarse.

Hay un cambio profundo que sucede cuando la mayor parte del tiempo te ves como una mujer que es todo un ser sexual en estos momentos; y eso es un cambio de objeto sexual a sujeto sexual. *Tu* experiencia de ti misma se vuelve más importante para ti que *su* experiencia de ti. Y cuando eso suceda, ya no estarás dispuesta a conformarte con un cuerpo tibio, ya se trate de uno comprometido a tener una relación o no.

Porque desde un punto de vista espiritual, recuerda: atraerás lo que eres. Y cuando te amas a ti misma en todo aspecto, actúas como una pareja perfecta para tu compañero perfecto.

Lo que tu hermana sabe pero no te dice

Hay que resumir lo que vimos en el capítulo 3:

- Eres una zorra. Tienes —o tratas de— sexo casual con personas que no están comprometidas contigo, y aunque podría sentirse bien, ya no funciona para tus metas: matrimonio e hijos.
- El sexo casual es una gran mentira. No sólo porque tienes hormonas que te unirán con quien tienes sexo, sino también porque el sexo hace que la gente haga cosas locas, como casarse con una adolescente o abdicar el trono.

- Los hombres no se enamoran a través de sus penes. La mayoría de ellos podría tener sexo contigo por mil años y nunca experimentarán una sensación de estar "enamorado", a menos que tengan ese sentimiento. Para la mayoría de ellos, embarcarse en una relación a largo plazo es una decisión. Punto.
- Deja de salir con hombres que no estén disponibles. No pasarás de este punto hasta que lo hagas. Porque nunca podrás hacer que un hombre se comprometa contigo si él no quiere. No podrás.
- Deja que haya vacío. En lugar de llenar tu mente, vida y cama con un hombre que no esté comprometido contigo, siente el sexo dondequiera que estés. Ve a bailar. Toma una clase de yoga kundalini. Toca el brazo de un hombre. Todas estas cosas cimentarán tu sexualidad de una forma mucho más poderosa que tener sexo con un hombre que no quiere estar en una relación contigo.
- Ámate. La relación sexual que tienes contigo es la piedra angular de cualquier otra relación sexual que tengas. ¡Aprovéchala!

4. ESTÁS LOCA
O CÓMO LIDIAR CON TU COURTNEY LOVE INTERIOR

1. ¿Eres el tipo de persona que siempre está involucrada en algún drama?
2. ¿Has lastimado a alguien, algo o te has lastimado en una pelea con un hombre?
3. ¿Alguna vez sufres las consecuencias de las cosas que dices o haces de manera compulsiva?

Por esto estás loca: estás en Nueva York con tu nuevo novio. De vacaciones, la primera vez juntos. Al entrar a un restaurante riñes por algo pequeño o, al menos, algo que debería ser pequeño. Pero mientras te sientas en la mesa, su teléfono suena, dos sonidos cortos, sabes que es un mensaje de texto, no un correo, porque pones atención a detalles como ésos. Él revisa el mensaje. Miras cómo juguetea con su teléfono y ese sentimiento recorre tu pecho. Sabes que no es nada serio, pero todavía estás enojada por la riña, así que decides lanzar los torpedos. Un poco después, haces la pregunta que ninguna mujer en la era de los teléfonos inteligentes debe hacer: "¿Quién es?"

Él también está enojado por la riña y, además, la relación

acaba de empezar y sabe que no debe dejar que pienses que lo controlas de esa manera. Así que voltea a verte y te dice la palabra que ninguna mujer de la era de los teléfonos inteligentes quiere escuchar: "Nadie".

Las palabras en el menú están revueltas y tu mente hace un monólogo: "Este tipo no me entiende. Tal vez me engaña. Aquí no voy a cumplir mis expectativas. Definitivamente me está engañando. No debería estar en esta relación". Y sigues y sigues. Sabes que debes ser ecuánime, pero no puedes. Cuando te pregunta si estás enojada, agitas la cabeza, porque si dices algo, será evidente que estás haciendo una tormenta en un vaso de agua por el mensaje de texto, y sabes que eso no está bien. Tu corazón late rápido y empiezas a sentir esa sensación opresiva y temerosa en tu pecho. Cuando te presiona ("¿Qué sucede?") suena un poco alterado, y te sientes tan juzgada que no puedes soportarlo más y, de pronto, todo estalla. Te pones de pie y sales del restaurante.

Eso le enseñará.

Por un momento te encanta saber que está sentado ahí solo, viéndose como un estúpido, y esperas que se sienta terrible, justo enfrente de todas esas atractivas mujeres de Nueva York. Te centras en qué mal estuvo que pareciera alterado. Te recuerdas que no quieres estar en una relación con alguien que te haga sentir de esa manera. Incluso si todas las relaciones son relaciones que te hacen sentir así.

Pero ahora estás de pie esperándolo en la acera y viene hacia ti, puedes ver que tu plan quizá funcionó, pero sólo por treinta segundos. Por su semblante puedes ver que hiciste algo serio, tal vez un daño irreparable. Tu nuevo hombre, al que amas y con el que quieres estar, te ve de la peor manera en la que un hombre puede verte... Como si estuvieras loca.

De qué se trata realmente

La locura tiene que ver con la intensidad. Es estar fuera de control emocional, actuando contra tus propios intereses en las relaciones; con mucho drama, siendo demandante, susceptible, celosa, insegura y otros estados psicológicos que los hombres no buscan como cualidades en la madre de sus hijos. También incluye desórdenes alimenticios, llorar después del sexo y cualquier otra cosa que imagines que Courtney Love pudiera hacer.

La intensidad es cuando una relación normal te resulta tediosa. Estás buscando algo más entre los papeles de Nancy y Sid Vicious, pero sin el asesinato. Las películas, la televisión y las canciones de amor insisten en que la intensidad es amor. No lo es. Es caos. Piensa en Elizabeth Taylor y Richard Burton en *¿Quién teme a Virginia Woolf?* ¿En verdad tienen que preguntar quién está asustado? La respuesta es: el esposo de Virginia, sus colegas, su madre y todo el que la conoce.

La locura viene en dos sabores básicos: locura mayor y locura menor. Si sufres locura mayor, ya lo sabes porque te lo han dicho por lo menos tres personas que ni siquiera son tus ex parejas. La locura mayor involucra acciones mayores, como la chica que conozco que lanzó un leño para hoguera Duraflame al asiento delantero del auto de su novio y le prendió fuego. Violencia, autoinfligirse daño, vandalismo mayor y destruir la reputación de alguien (incluso si es la tuya) caben dentro de esta categoría. La locura mayor nunca es linda o dramática si eres un peligro para los demás.

La locura menor es más sutil. Piensa en lo que has dicho o hecho a los hombres y que haya terminado en improperios.

Como mi amiga Suzanne. Ella había estado viendo a un chico súper lindo en sus carreras matutinas en un lago cercano. En los meses que siguieron, pasaron del contacto visual a los saludos cariñosos cuando se encontraban. Conforme el coqueteo se hizo más intenso, Suzanne naturalmente comenzó a pensar que llegaría al próximo nivel. Después, un fin de semana, se hizo reflejos en el cabello. Pero, ups, eran muy rubios. Del tono "Gwen Stefani", el cual, en palabras de Suzanne, la hacía ver como si trajera peluca.

Obviamente, los reflejos muy rubios no son un problema real en la vida, pero así trabaja la mente de Suzanne. Entonces no quería ver al chico en el camino. No es un pensamiento muy profundo, pero ahí está: no voy a gustarle. Así que deja de ir a correr hasta que arreglan sus reflejos.

Eso, amiga, es locura menor.

La manera más sencilla de saber si estás loca es si constantemente te inventas largas historias sobre lo que sucedió el fin de semana anterior. Incluso podrías tener un equipo muy especial (codependiente, por ejemplo) de amigas a las que les encanta vivir indirectamente a través de ti. Eso es lo que tiene la intensidad: es adictiva y le encanta tener audiencia.

Por ello, lo primero que tienes que hacer es dejar de hablar de eso. Lo que sientes al revivir la intensidad cuando cuentas tus historias a tus 10 codependientes favoritas, casi es tan bueno como la intensidad con la que viviste todo tu drama en sí. Y de cualquier forma, tus codependientes tienen que regresar a trabajar.

El hecho de que tengas codependientes como polizontes en tus vagones de la demencia indica lo que realmente está sucediendo con tu locura amorosa, sea mayor o menor. Y eso es dependencia. Si lo miras con más atención, la locura proviene de una creencia subyacente de que somos dependientes del resultado de lo que suceda con un hombre determinado, y no vamos a estar bien a menos que las cosas salgan de una manera en particular (por lo general, la manera con la que conseguimos lo que queremos: el hombre).

Por favor, pon atención: casi nadie cree conscientemente que desea demasiado a ese hombre. La mayoría de nosotras fingimos estar "bien", lo atrapemos o no. Pero eso podría no ser cierto. Por lo general, la creencia de que no estaremos bien sin él aparece, como la locura debajo del nivel de conciencia.

LA INTENSIDAD ES UN ASUNTO SERIO PARA EL HOMBRE

La intensidad no es lo mismo para hombres que para mujeres. El psicólogo John Gottman ha realizado varias investigaciones sobre lo que sucede cuando el hombre y la mujer interactúan: si sólo hablan o pelean. Gottman acuñó el término "inundación" para describir lo que sucede cuando la adrenalina corre por las venas y se desencadena la reacción de "pelea o huye". El pulso se acelera, la presión sanguínea aumenta, los músculos se tensan y el corazón late casi dolorosamente. Lo interesante es que Gottman observó que los hombres se inundan más seguido y con más facilidad que las mujeres. Y una vez inundadas, es difícil que las personas piensen lógicamente, actúen de forma racional o escuchen las explicaciones de su pareja.

Esto explicaría la diferencia que hay entre lo que los hombres y las mujeres piensan que es la "negatividad". Lo que nosotras, señoras, consideramos inofensivo (quejas tipo Kenny G, críticas o peleas), los hombres podrían experimentarlo como algo parecido a un concierto de Metallica.

También por eso tienes que controlar tu locura. Porque los hombres no bromean cuando dicen que no pueden controlarla. Está demostrado científicamente que no son capaces.

Aunque, si analizas tu comportamiento, puedes verlo claramente. ¿Por qué mandarías 19 mensajes de texto porque no contestó los primeros tres? Porque no estarás bien hasta que sepas de nuevo de él. ¿Por qué vandalizarías su propiedad porque terminó contigo? Porque se llevó algo de ti con lo que quieres vivir: él mismo. ¿Por qué fantasearías con alguien con quien terminaste hace meses o años? Porque en lo profundo no estás segura de si encontrarás algo mejor.

Todo es como un círculo: reducir la locura es disminuir la dependencia, y cuando disminuyes la dependencia aminoras la intensidad. Y cuando la intensidad ya no está, podrías encontrar algo que nunca esperaste: tranquilidad. Lo cual podría asustarte. Porque cuando las cosas se tranquilizan en una relación que ha sido muy intensa, es incómodo. ¡Ninguna de las partes sabe qué hacer con toda esa paz! De pronto aparece este tiempo para relacionarse sanamente; ¡se sienten tan cercanos! Y tal vez ni siquiera te guste. Ahí es cuando descubres todo lo que la intensidad ha hecho por ti: asegurar que tus relaciones nunca se vuelvan muy íntimas.

NOTAS SOBRE MI VIDA COMO NOVIA CELOSA Y TEMEROSA

Me di cuenta de esto (me refiero a lo que por suerte me gritó un novio durante una pelea) a los cinco meses de haber iniciado una relación. Estaba haciendo mi rutina habitual de celos y miedo (porque así era a principios, oh, de la década de 2000; bueno, tal vez a principios de 2010 o 2011), en la que expresaba todo tipo de "intuiciones": que mi novio me iba a dejar, si no ahora, en los próximos 20 años.

Mi solución para el miedo es actuar como Sherlock Holmes con un hombre. No es que espíe su teléfono o correo (quiero decir, no sin una causa mayor). Soy más sutil que eso. Más bien, sondeo su psicología, busco pistas de su comportamiento en relaciones pasadas, su infancia, la relación con su madre. Interpreto las pistas. Después, presento la "evidencia" de que inevitablemente me abandonará, lo cual, de alguna manera, siempre suena como crítica. Naturalmente, a los novios no les gusta. Me dicen que estoy loca y se retiran. Lo que uso para probar que estaba en lo correcto.

Con los años, llevé a cabo este lindo ciclo desde que me estaba enamorando de un chico hasta que nos afianzábamos en la relación (como cuando cortas el pastel). Pero el novio que mencioné anteriormente era muy perspicaz y, un día, justo en medio de una discusión, me dijo: "¿No ves lo que estás haciendo, Tracy? Me estás alejando". Y después me dijo con un tono de estoy-furioso-como-un-toro-y-no-voy-a-soportarlo-más: "ya para".

Sea cual sea la razón, tal vez por mi edad avanzada, de pronto lo comprendí. El foco se encendió y vi cómo había pasado mi vida adulta peleando con hombres como una forma de alejarlos. Porque cuando el chico es cercano a mí, me gusta, y cuando me gusta, me da miedo que se lo lleven. Así que sólo presiono al chico antes de que pueda abandonarme; lo que crea el mismo resultado que temo, pero, al menos, "tengo el control", ¿verdad?

Ahhh, sí. Lo cual es, en una palabra, una locura.

ALGUNAS VERDADES RELEVANTES SOBRE LOS HOMBRES

Pocos novios habrían manejado la situación como él lo hizo. Porque nada asusta más a los chicos que cuando una está como loca. Los hace sentir inapetentes y extraños, y eso sólo es cuando muestras un poco de locura. Si sucede con regularidad, se sienten víctimas, asustados y enojados. Los únicos chicos que desean una relación a largo plazo con una mujer que los haga sentir así son lo que tienen mamás desquiciadas.

Y que Dios los bendiga, porque ellos ya tienen mucho con que lidiar. Además, ya no necesitamos más hombres asustados, victimizados o enojados en este mundo. Es malo para ellos y malo para nosotras. Es malo para el mundo.

La razón por la que no les gusta ver nuestra locura es que, intuitivamente, saben que es un signo de dependencia. Esto significa que de alguna manera has puesto mucho énfasis en este chico, esta situación y en cómo resulta. Y eso los asusta. Veo la dependencia como una persona apoyada en algo, como una mesa. Si la mesa se mueve de pronto, ¿qué sucede? Te caes. Ningún hombre sano quiere que seas tan dependiente de él. Sienten que harás algo muy drástico si él te deja o incluso si quiere hacer algo que las mujeres odian, como ir a una despedida de soltero o tomar un café con su ex.

Para cuando tengan 30 años, la mayoría de los hombres habrán tenido una mala experiencia con una novia loca y por lo tanto podrían ser más aptos para identificarlo en ti antes que tú misma. Sólo ten en consideración que si muchos te han llamado loca o te han dicho que eres muy intensa, esto es a lo que se refieren.

Recientemente, mi amigo Tommy terminó una situación así. A finales de los noventa, Tommy salió brevemente con una inteligente y cautivadora actriz australiana que se llamaba Jane. Tuvieron un intenso idilio amoroso que terminó súbitamente porque Tommy estaba a principios de sus treintas y al menos a 10 años luz antes de pensar siquiera en sentar cabeza. (En Los Ángeles y Nueva York, los hombres suelen tener un desfase de siete años con su edad cronológica.) Jane tenía el corazón roto, pero siguió adelante.

Avancemos rápido al año 2011: Tommy y Jane se volvieron a encontrar. Ahora son cuarentones y no son menos fogosos e intensos; de hecho, podrían ser más. Durmieron juntos la primera noche y por los siguientes dos meses la casa ardía. Pero conforme iban más profundo en su relación, Jane se volvía más loca. Empezó a ponerse sentimental después del sexo y bombardeaba a Tommy con sus miedos. Recordaba cómo la había dejado la primera vez y estaba aterrada de que sucediera nuevamente.

Conforme pasó el tiempo, Tommy, de manera poco sorpresiva, se distanció; lo cual, obviamente, aumentó los temores de Jane. Lo que ella debió hacer era llevar su relación con Tommy a un nivel que pudiera mantener confortablemente. Pero se volvió un poco loca, así que, en lugar de dejar ir un poco más, se aferró un poco más. Oh, oh. De pronto, estaba tan endeudada emocionalmente que para cuando Tommy no pudo llamarla al día siguiente "de quemar la casa" aún más, Jane fue a buscarlo y enloquecío, mientras Tommy se ocupaba de sus asuntos, como arreglar el carburador.

En pocas palabras, Jane recreó la misma escena de la que se preocupaba. ¿Por qué? Porque se adentró más en la relación de lo que podía ir, hallándose *emocionalmente estable.* Digamos que tener sexo con un chico cuesta cierta cantidad de tu cuenta bancaria emocional. Jane gastaba más con Tommy de lo que podía pagar emocionalmente. Cuando esto sucede, debes regresar. En lugar de eso, Jane trató de recurrir a Tommy como aval, para "cubrir la diferencia" entre cuánto había invertido en la relación y los fondos que tenía en su cuenta bancaria emocional. ¿Qué sucedió? Lo adivinaste: Tommy, al sentirse abrumado por las necesidades de Jane y su locura, una vez más terminó la relación abruptamente.

Una reacción muy predecible en un chico.

Por qué Lauren no está casada

Mi amiga Lauren tiene otra cualidad que (no) aman los hombres: tal vez sea la mujer más impulsiva del planeta. De hecho, tiene esa combinación muy especial de baja autoestima e impulsividad que hace que mate sus relaciones al utilizar su teléfono como una arma semiautomática.

Por ejemplo, el caso más reciente de Lauren involucra el envío de 19 mensajes en una noche, la cual terminó a las 6:40 con una llamada a su correo de voz para decirle que habían terminado. Para las tres de la tarde de ese día, quería retractarse de todo, pero el chico, sabiamente, nunca contestó el teléfono. Para empeorar las cosas, ella trabaja con él, así que de vez en cuando lo ve en el ascensor. Si digo que la situación es incómoda es porque lo estoy haciendo mil veces menor.

Escribir mensajes de texto y correos virulentos, emocionales o intensos es como jugar a la ruleta rusa, excepto que sólo una recámara está vacía. Podría haber una pequeña posibilidad de que la impulsividad que sientas en ese preciso momento la digas bien y tenga un efecto positivo en tu relación, pero las posibilidades son muy pequeñas para el riesgo. Le digo a Lauren que si tiene que escribir correos y textos envenenados, lo haga, pero *1)* espere 24 horas antes de mandarlo; *2)* tenga un amigo confiable que los lea antes de mandarlos y, lo más importante, *3)* no escriba el destinatario hasta que lo haya leído su lector imparcial; no quieres mandarlo "por accidente" a la persona en cuestión.

Entonces, ¿cómo sabes qué está bien decir a alguien? Bueno, tengo un muy buen método para determinar lo que se necesita hacer en ese preciso momento: si te urge hacer algo, no lo hagas. Por lo general, un impulso es una señal de que has perdido temporalmente la cabeza. Y cuanto más fuerte sea el impulso, más te llevará recobrar la cordura. Los impulsos te hacen saber que estás claramente lidiando con una sensación o pensamiento de naturaleza emocional. Y si ves una situación a través de tus emociones, ves la versión más distorsionada. Necesitas que la intensidad baje y regresar al asunto cuando veas menos tonos neón y más tonos sepia. Una vez más, si tienes que hablar de ello, llama a un amigo. Nueve de cada 10 veces, después de unos 20 minutos, el impulso habrá pasado.

Es muy tarde para el chico del trabajo de Lauren, pero tomar estas precauciones podrían ahorrarle problemas en relaciones futuras... si combina estas técnicas con tratar los problemas subyacentes.

Cómo tendrás que cambiar

Vas a necesitar ayuda. Obviamente no soy terapeuta, pero he gastado miles de dólares con uno (o seis). También he leído cerca de setenta libros esperando desentrañar los misterios de mi propia disfunción, y estoy feliz de decir que ¡ha funcionado! Ahora sé que la mayoría de las locuras que he hecho con mis parejas está relacionada con mi niñez. Mira qué perspicacia.

Puedes estar segura de que tu locura también está relacionada con tu niñez. Si tu locura mantiene a los maridos alejados, el problema se reduce a esto: ¿tus problemas son mayores o menores?

Si has hecho locuras mayores más de una vez en el pasado reciente (digamos, de uno a tres años), sólo tienes una opción: busca ayuda profesional. Necesitas ir a terapia urgentemente y empezar a tratar los traumas de la niñez que seguramente están relacionados con tus acciones. La parte de tu mente que te dice que realmente no estás tan mal te está mintiendo. Eso no te hace una mala persona, pero sí quiere decir que en cuanto empieces una relación que te haga reaccionar de cierta manera, todos esos sentimientos (y por lo tanto tu comportamiento alocado) regresarán como una infección para la que no acabaste el tratamiento.

Si piensas que no puedes ir a terapia porque el dinero es un problema, no lo es. Varios terapeutas dedican una parte de su trabajo a personas que no pueden pagar el costo normal. Si lo buscas, lo encuentras. Sólo finge que estás acosando a la novia de tu ex en Facebook.

Si estás más del lado de la locura menor, aun así tienes que resolver asuntos de la niñez antes de que puedas crear una relación sana, pero tal vez sea más una alarma para apagar una hoguera que un incendio. Empieza por tratar la dependencia sin la cual la locura no puede existir. Hay más en la vida que un chico, ya sea uno común o por el que te mueres. Ya sé que lo sabes, pero, algunas veces, cuando analizas lo que pensaste e hiciste en el día, aparece misteriosamente el pensamiento de que lo que realmente crees es que tu vida no empezará hasta que conozcas al hombre de tu vida. Eso no es cierto.

Has oído un millón de veces que necesitas ser llamativa, interesante y fascinante si quieres atraer al compañero perfecto. Lo que estoy diciendo es que tal vez quieras ser fascinante, llamativa e interesante para no aburrirte al hacer muy importantes a los hombres en tu vida. Porque en cuanto atrapes a ese hombre y lo hayas tenido por un tiempo, vas a darte cuenta de que no es todo eso (¡ningún hombre lo es!) y vas a querer tener algo más para hacer. La solución, como uno de mis terapeutas más sabios solía decir, es volver a casa con Tracy. (Pon tu nombre en lugar del mío.) Al principio sonaba trillado y bobo. ¿Qué carambas significa "llegar a casa con Tracy"? Así que imaginé por un instante lo que sería llegar a mi casa. No a la casa en la que vivía en ese tiempo, sino a la que vi en el número de *Architectural Digest* con Jennifer Aniston. Me imaginaba llegando a una casa de mediados de siglo con iluminación perfecta y una piscina brillante. Me imaginaba lo feliz que sería estando ahí. ¿Qué estaría haciendo?

Ahí es cuando me di cuenta de que, además de la terapia (y todo lo que conlleva), lo que uno necesita es un pasatiempo. Varios. Podría parecer que hablar de pasatiempos en un libro sobre relaciones humanas es muy soso, sin embargo, no lo es. Porque los pasatiempos tienen que ver contigo. Con tus pasiones. ¿Quién eres? ¿De qué estás hecha? ¿Cómo pasas el tiempo contigo y cómo construyes una relación contigo misma? Los *hobbies* son el tiempo especial entre tú y tú. Como el programa de *Hermana Mayor/Menor,* salvo que en este caso se trata de la linda profesionista y la niña necesitada con grandes ojos y cola de caballo.

Así que piensa qué te encantaría hacer. (Además de él.) Empieza a hacerlo. De esa manera, cuando no te llame o decida que no puede comprometerse o se dé cuenta de que prefiere perseguir a una mujer que no está disponible en lugar de la que tiene enfrente, puedes regresar a ti misma. Con las actividades que amas. Porque tú te amas a través de las acciones, no sólo a través de los sentimientos.

Yo amo la escritura, la jardinería, el tejido, la música, leer e ir al cine. También amo hablar con mis amigos, caminar, cocinar algo delicioso, arreglar algo en la casa, visitar un museo, ver un gran programa de televisión y disfrutar una deliciosa taza de café. Piensa en lo que hacías de niña o adolescente cuando estabas tan aburrida que no podías soportarlo. ¿Cuáles eran tus actividades favoritas? Yo solía ir por un libro o revista; podía sentarme a leer y escapar, en el buen sentido, a otr[illegible]. Y aprendí algo en el proceso.

Nunca ol[illegible] momento en que descubrí cuán sana me había vuelt[illegible] tenido una discusión con un novio y se había ido e[illegible] En lugar de sentir pánico y llamarlo varias veces o i[illegible] miré alrededor y me dije: "Ah, está bien.

Ahora puedo pasar un tiempo trabajando en el ensayo que estaba escribiendo". No perdí ni un minuto de sueño aquella noche. Y cuando desperté por la mañana, ahí estaba en la puerta con una tarjeta Hallmark, café y galletas.

Así es, llegó a casa con Tracy.

Asuntos espirituales que te ayudarán a cambiar

Desde un punto de vista espiritual, la locura se encuentra donde están tus heridas, ya sean de la infancia o de relaciones anteriores. Es donde crees que no tienes apoyo. Es donde temes que si no haces algo al respecto, nadie lo hará. Es donde guardas o metabolizas tu dolor ante las penas y decepciones de la vida. La buena noticia es que lidiar con tu locura te liberará en todos los aspectos de tu vida.

El antídoto para la locura es saber que tienes opciones. Como lo he mencionado, cuando estás de intensa, dependiente y fuera de control, es como un berrinche; has vuelto a tu estado infantil. Hay un dicho que dice que los niños que crecen en hogares disfuncionales no tienen ningún poder y lo saben, mientras que los adultos que viven en hogares disfuncionales tienen poder y no lo saben. Dejar la locura atrás consiste en entender que tienes poder, sólo necesitas ejercerlo de una forma que funcione para ti, no en contra tuya. Las decisiones ayudan a modelar tu historia.

Como dijimos en el capítulo 1, las cosas que te dices tendrán un efecto sobre cómo te relacionas con los hombres y las relaciones. Detrás de cada locura que hagas hay una historia que te pone en el papel de víctima. ¿Y quién se casaría con una víctima?

Existe un término para sobrellevar los momentos de locura: "autorrelajación". Tal vez ninguna habilidad psicológica o conductual sea más importante que ésta para tener una gran relación. La autorrelajación es justo como suena: es cuando te tomas gentilmente de la mano y sales con calma de la tienda departamental de la vida cuando estás en el piso gritando y pateando. Es cuando sabes cómo respirar profundo y contar hasta 10 antes de hacer esa llamada o algo impulsivo. Es cualquier momento que tienes para decirte que todo estará bien y te obligas a inventar algunas razones en verdad creíbles para ese asunto en particular. ("¿Porque Oprah lo dijo?" Seguro, si eso funciona.) Algunas veces, para mí, la autorrelajación es tan simple como dejar que corra el reloj en un mal día; dejar que llegue a las once para que pueda acostarme, dormir y saber que, cuando me despierte, puedo empezar fresca.

De hecho, todas las decisiones y la autorrelajación tratan de ganar control sobre tu mente. La nueva forma de pensar es algo por lo que trabajas, en lugar de algo que simplemente puedes pagar con tu tarjeta. Aquí hay tres grandes áreas donde veo que muchas mujeres tienen problemas con su manera de pensar:

1. Tu hombre ideal nunca puede "alejarse". Necesitas adquirir un patrón de pensamiento según el cual nada en tu vida amorosa sucede por accidente. Si un chico te deja, no importan los detalles, sólo es por una razón: porque no es tu hombre. Incluso si dice algo dañino mientras se va, como que tus cejas son muy pobladas o no le gusta cómo cantas. Tienes opciones. Así que eliges saber que su problema con las cejas pobladas sólo es la forma cósmica de sacarlo de tu cama para que tu hombre de verdad pueda llegar ahí. Saber esto te ayudará a seguir adelante más rápido y sin convertir eso en una montaña de "pobre de mí". En lugar de tratar de entender por qué no funcionó cada vez que un pensamiento de él se asome, ve directo a "Él no era el indicado", porque si lo fuera, seguiría ahí.

2. Vas a tener una vida fabulosa, sin importar lo que suceda. Es muy importante que elijas creer que vives en un mundo donde es inevitable que tengas una gran vida. ¡Es tu responsabilidad! No puedes esperar que mientras estás sentada por ahí con pensamientos de víctima, aparecerá una gran oportunidad y te ruegue que la tomes. Si en verdad estás enfocada en casarte, tienes que creer que lo vas a hacer. No porque conseguirás un "matrimonio", sino porque eliges estar en un lugar donde puedas encontrar un matrimonio. Eso quiere decir que tendrás que prepararte. Tienes que ser una esposa antes de conseguir marido. Y si estás loca, todavía no eres una esposa.

3. Mantén la actitud. Ya conoces cómo en una clase de yoga el maestro te pide que hagas una posición, y al principio te sientes como "Claro, ya entendí", y 45 segundos después alucinas preguntándote: "¿A qué hora se terminará esto?" Así son los procesos de tomar decisiones.

Cada vez que elijas saber (y tiene que ser *saber*, no esperar) que el hombre más maravilloso puede encontrarte sin importar las probabilidades, estarás acercándote a tu (im)perfecto matrimonio. Pero podría no suceder el primer mes o incluso el séptimo. Sucederá, si continúas eligiendo lo que quieres en lugar de lo que no quieres. No es sencillo. Sin embargo, conforme eliges, una y otra vez (primero un día, después otro, después una semana, un mes y eventualmente en automático), te darás cuenta de que le has ganado mucho terreno a la forma en que tu mente funcionaba en el plano emocional, en particular cuando se trata de relaciones. Pronto te darás cuenta de que te sientes diferente, y poco después tu vida empezará a mejorar y mejorar en formas nuevas y emocionantes.

Lo que tu compañera de cubículo sabe pero no te dice

Hay que resumir lo que vimos en el capítulo 4:

- Estás loca. Estar de intensa y fuera de control emocional te fascina, y eso es lo que la mayoría de los chicos no buscan en una compañera para la vida.
- La locura asusta y aleja a los hombres. Se sienten victimizados y asustados por eso, a menos que su mamá fuera una loca, en cuyo caso tienen suficientes problemas para que les lleves más.
- Busca ayuda. Los asuntos de la niñez son como las impurezas que se forman en la tapa de un frasco. Si hay muchas, no podrás abrir el frasco. La terapia te ayuda a limpiarlas.
- Busca pasatiempos. Únete a una banda, toma clases de patinaje. Los pasatiempos son un espacio donde construyes una relación contigo misma, lo que hace que la dependencia en una relación caiga a un barranco. Y tu dependencia hacia los hombres es lo que hace que actúes como loca.

5. ERES EGOÍSTA

O EL MATRIMONIO ES CUESTIÓN DE DAR, NO DE RECIBIR

1. ¿La idea que tienes sobre el matrimonio tiene que ver sólo con la casa, el bebé y la estabilidad financiera?
2. ¿Eres el tipo de chica que cambia de empleo, hombres, personas y apartamentos?
3. ¿Piensas en una relación como una oportunidad de ayudar a alguien más?

Si estás soltera, quizá piensas mucho en ti. Piensas en tus asuntos, atuendos y pliegues nasolabiales. Piensas en tu carrera o, si no tienes una, en volverte maestra de yoga. Algunas veces piensas que casarte con un hombre acaudalado, o al menos con alguien con un muy buen trabajo, resolvería todos tus problemas. ¿Conoces el dicho sobre cómo piensas que es tu mundo y todos los demás sólo vivimos en él? ¡Así es como te sientes!

Algunas veces te preguntas si realmente necesitas un marido. Tal vez te encuentras bien tú sola. Quiero decir, ¿quién quiere lidiar todo el tiempo con alguien más? Los otros apestan, francamente. Se entrometen si quieres cenar cereal o aplicarte crema depiladora el sábado por la tarde. Siempre están en el sofá viendo algo que no te gusta en la TV y comiendo algo que huele mal, a menos que seas tú quien lo come. Tienes que limpiar sus cochineros. Tal vez si pudieras tener un cónyuge que viviera al lado (de hecho, una o dos calles alejado), sería perfecto. Estarían ahí aunque no estuvieran ahí.

Suena muy bien, ¿no crees? Sé honesta. Sí, ¿verdad? Quiero decir, si eres estadounidense, es muy probable que hayas nacido sintiendo eso. Porque vivimos en el país más egoísta del mundo. Este país se construyó sobre el individualismo y la búsqueda de la felicidad. Somos tan individualistas y tan felices que alrededor de 46% de todos los hogares es mantenido con un solo ingreso. Hay alrededor de 52 millones de personas solteras, ninguna de las cuales viaja en el tren de la vida. Y en estos momentos tú eres una de ellas.

Pero últimamente has estado pensando que podrías estar lista para dejar todo eso atrás. Y puedes hacerlo. Justo después de que dejes de ser tan egocéntrica.

De qué se trata realmente

El egoísmo es justamente lo que parece. Es cuando te acercas a los hombres (y, en realidad, al mundo, pero esto es un libro sobre relaciones, así que mejor nos enfocamos en eso) en función de ti misma; cómo te hacen sentir, cómo te hacen ver, qué llevarán a tu vida o qué no. Podrías decir: "Ehh..., ¿existe otra forma de pensar en los hombres?" Aunque no lo creas, sí la hay. Pero ya llegaremos a eso.

El egoísmo hace que las personas se comporten como niños, que quieren lo que quieren cuando lo quieren. Los niños son egocéntricos. Piensan que el mundo gira en torno a ellos, y no pueden ver cómo sus acciones afectan a los demás. O pueden verlo pero no sentirlo, o no les importa. Por esta razón, ser egoísta hace que la vida en común sea imposible. Porque no puedes juntarte con un niño. Sólo puedes cuidarlo.

Pero si eres egoísta, te encanta que cuiden de ti. De hecho, estás muy segura de que alguien tiene que traerte un mocachino grande justo ahora. Después de todo, te lo mereces. Si te preguntas cómo se ve el egoísmo, sólo piensa en una famosa diva. (De hecho, cualquier celebridad funciona.) Si tu comportamiento se parece en cualquier forma a pedir a alguien que haga algo por ti aunque ni siquiera te molestes en verlo a los ojos, tal vez seas egoísta. Si quieres que alguien use el título de "señorita" antes de tu nombre, incluso si es un "señorita" invisible, tal vez eres egoísta. Si sientes que serías perfecta para un *reality show,* eres sin duda, sin ninguna duda, egoísta.

Otra razón por la que las personas egoístas son malas parejas es porque no se llevan bien con los demás. La mayor parte de sus acciones están enfocadas en obtener lo que quieren, mantener lo que tienen o deshacerse de lo que tienen pero ya no quieren. (Como mejores amigos, empleos, apartamentos y, es triste decirlo, personas.) Como podrás imaginar, esto no es gracioso para sus compañeros. Porque cuando alguien egoísta ya no te necesita, te despide.

Los hombres que han ido a un rodeo saben de esto. Casi todos se han topado con una mujer egoísta por lo menos una ocasión en sus vidas y han salido perjudicados. A partir de ese punto, los chicos podrían estar dispuestos a soportar una chica egoísta (y por soportar me refiero a fornicar con ella) siempre y cuando sepan que no tienen que lidiar con ella de por vida. Además, claro que evitan casarse con una mujer así, no sólo porque es casi imposible hacer felices a las personas egoístas (y los chicos no quieren vivir con alguien que no puede ser feliz), sino por una razón más evidente: porque alguien egoísta es un mal padre.

Por esta razón, el egoísmo interferirá mucho más con tus parejas estables que con tus citas. Una chica egoísta suele encontrar a alguien que quiere estar con ella por un tiempo, pero no quiere llevar más allá la relación.

He aquí una lista rápida de algunas otras formas para descubrir si eres egoísta sin saberlo:

1. Eres estricta. Anteriormente esto significaba que las cosas se hacían en tus términos. Se creía que eso causaba que las doncellas (de 36 años) siguieran sin encontrar marido. Y era verdad. Cuando necesitas que las cosas sean exactamente como tú las quieres, tienes que saber que muchos hombres no te verán atractiva. Eres estricta si los cojines no están ordenados o si la tapa del sanitario está levantada. Supéralo.

2. Eres egoísta o materialista. Si te preguntas que si un chico te hará ver bien, comprará cosas o pagará tus préstamos estudiantiles, piensas mucho en ti. No puedes esperar que alguien haga algo por ti si, por lo menos técnicamente, tú eres capaz de hacerlo. Lo que es una forma larga de decir: consigue un empleo.

3. Eres demandante. Nunca nadie ha pensado que es demandante. Las personas sólo piensan que buscan un poco más de lo que quieren de alguien. Si eres demandante, quiere decir que te ves como alguien que debería ser el que siempre recibe en una transacción. Esto es irreal, por decir lo menos, en el contexto matrimonial. Si te preguntas si eres demandante, fíjate en tus próximas cinco llamadas telefónicas.

Si el otro las termina la mitad de las veces, la respuesta es "me temo que sí".

4. No puedes autorrelajarte. No tienes forma de calmarte cuando no obtienes lo que quieres. Así que sales a comprar o beber o comer y, si todo eso falla, sacas tu frustración con los que te rodean. Si hay un hombre en tu vida, esperas que discuta las cosas contigo hasta que te sientas mejor, incluso si toma tres o cuatro horas. Y me refiero a que se siente ahí y te escuche. Nota: si no puedes autorrelajarte, lo sabrás porque vas a sentir que todos piensan que eres muy especial, pero nadie te dice por qué. En realidad, tienen miedo de decírtelo.

5. Quieres sentarte en el asiento con ventana (o el del pasillo o el que da a la puerta) todo el tiempo. Esto es tan obvio que debería omitirlo; excepto para alguien egoísta. Nunca nadie se mete con ellos. Sabes eso, ¿verdad? Pero te sorprendería. Porque hay varias chicas que piensan que parte del trabajo de un hombre es absorber su incomodidad. Sí, hay una larga historia de caballerosidad en la que se puede basar, pero en la práctica no es justo. Ni maduro. Hasta cierto punto, se ve como la dinámica de padre/hija, y si lo piensas, es un poco extraño. Así que si lo haces, deja de hacerlo.

Si algo de esto te molesta, puede que haya cosas en las que te tienes que fijar antes de que pases un umbral. Aunque, si has tenido una relación duradera, es probable que ya te lo hayan dicho. Sólo tienes que saber que el egoísmo es como un polizón: se esconde en tantas actitudes y comportamientos que tienes que poner mucha atención.

POR QUÉ JENNY NO SE HA CASADO

Mira a mi amiga Jenny. Su egoísmo se manifiesta haciéndola sentenciosa. Jenny tiene 35 años, es muy bonita, dulce y está dispuesta a tener un bebé, pero su cociente egoísta se sale de la escala. No puedo recordar cuántas veces la he escuchado hablar con impaciencia: "No sé si quiero estar con alguien que [llena el espacio]". Me gustaría decirle: "Pero toda persona es alguien que llena el espacio de alguna manera. ¡Incluso tú!" ¿Acaso piensa que ella debería ser desechada por ese alguien o rechazada por un compañero por esa razón? Espero que no.

El egoísmo de Jenny también se manifiesta haciendo que sea poco realista. Muy a menudo está enojada con alguien que no hace lo que ella quiere que haga. No se da cuenta de que los demás no hacen lo que ella quiere porque son personas y tienen sus propios asuntos con los cuales lidiar. Parece pensar que deberían reaccionar y lidiar con los de ella. Es claro, en su mente, que los demás no son seres humanos autónomos en la película que protagoniza. Este nivel de egoísmo hace difícil que mantenga una relación.

Mira, por ejemplo, el tipo con el que salió el año pasado. Estuvieron juntos durante cuatro meses, y a él realmente le gustaba ella. El chico, Doug, era divorciado y tenía un hijo, pero quería tener más. No era perfecto, pero tenía empleo, una casa y era atractivo. Su noviazgo transcurrió sin contratiempos, lo cual puede ser algo positivo para empezar ago. Tenían agradables charlas y sexo más que decente, y él quería llevar las cosas al siguiente nivel. Pero Jenny no podía dejar de criticar a Doug; no le agradaba mucho cómo se vestía, hablaba, decoraba su casa o ganaba su dinero.

Bien, ahora, por lo general, le diría a una chica que prestara atención a sus sentimientos, porque el cuerpo puede ser un gran termómetro de lo que realmente sucede en una relación. (Por ejemplo, si tu cuerpo te dice que un chico está engañándote, tal vez sí lo esté haciendo.) Pero en este caso, nada de lo que Jenny dijo daba señales de que hubiera una intrusa. Después de varios meses de agitación, ella terminó la relación.

Un año después... estábamos platicando de hombres, y mientras Jenny recordaba su relación con Doug y la razón de su partida, dijo: "Ay, se comía las uñas". De pronto una alarma sonó en mi cabeza: por eso no se ha casado.

Éste es el problema: puedes dejar a un hombre por varias razones, pero comerse las uñas no es una de ellas. Y aunque existen más razones que la manicura bucal que hizo saltar del barco a Jenny, el hecho de que lo mencione es una indicación de un tipo de pensamiento crítico inmisericorde hacia los hombres que es tan egocéntrico que sorprende. Es insignificante, y cuando dejas a chicos por cosas insignificantes, vas a terminar sola. Porque no importa el hombre con el que estés, le vas a encontrar algo malo. Puedes estar segura de eso.

NOTAS DE MI VIDA COMO LA MADRE DE UN HOMBRE BEBÉ

Tuve una larga y agradable aventura amorosa con el egoísmo. Duró aproximadamente 10 años, más o menos a partir de mi podrida infancia hasta que tuve 30. Vivía en Nueva York y no tenía novio, lo que me forzó a echarme un buen vistazo a mí misma.

Hasta ese periodo de escasez (bueno, más bien sequía), había tenido una larga racha de hombres que me soportaban con valentía. En ese entonces me parecía bonito portarme mal (en serio pensaba así), pero cuando miro atrás, me doy cuenta de que los chicos tenían la paciencia de la Madre Teresa. O tal vez su codependencia. De cualquier forma, conmigo como su novia (o esposa), estaban en el lado de "dar" en el dar y recibir.

Porque en ningún lugar mi egoísmo se asomaba más que en mis tratos con los hombres. Actuaba como si los hombres existieran para cumplir mis caprichos. Quería que los chicos me dedicaran tiempo, atención, sexo, charlas, tiempo, atención, charlas y más tiempo, en ese orden. En realidad no quería un novio; quería un rehén que también sostuviera mi sombrilla. Y ni siquiera lo sabía. Si me hubieras preguntado, te habría dicho que era una maravillosa (ma-ra-vi-llo-sa) novia. Claro que así pensaba. Era muy engreída.

Después, el universo me jugó una broma, me dio un bebé. No sólo un bebé, sino un nene. ¡Un hombre bebé! ¿Qué? Poco sabía que iba a entrar a la Escuela de Hombres, con doble posgrado en Estudios de Hombres y Superación Personal.

En breve, mi vida se volcó a hacer cosas por las que no me sentía particularmente atraída (alimentar a alguien), cuando no quería hacerlas (a mitad de la noche). También tuve que cargar objetos pesados mientras sostenía algo que se retorcía, y estar siempre a disposición de alguien las 24 horas del día. Y limpiar vómito.

Lo sorprendente es que estuve a la altura de las circunstancias. Es como si hubiera estado viviendo en mi pequeña película, con una banda sonora a ritmo tranquilo, como la música que se escucha en la estación de radio satelital The

Coffee House. Imagíname preparando papillas para bebé. Y desdoblando la carriola con una sola mano, aunque es tan complicado que estoy segura de que tomaron la idea del programa espacial. ¿Y qué si recogía un chupón lleno de pelusa del sofá y se lo daba al bebé? La película terminaba conmigo diciendo: "¿Cuál vómito?" Ahora soy una chica muy agradable que sabe cómo cuidar a alguien aparte de mí.

Creo firmemente que ésta es la razón por la que varias mamás famosas consiguen marido después de que adoptan. Los niños ponen a las madres sobre aviso: ¡Hola, bruja! ¡Ya no sólo eres tú! Y después de pasar uno o dos años pensando en alguien más que uno mismo, de pronto aparece Brad Pitt o Harrison Ford y decide ser su media naranja.

Dentro de cada esposo hay un hombre bebé. Y cuando aprendes a amar a ese pequeñín, te estás graduando en la Escuela de Hombres.

Algunas verdades relevantes sobre los hombres

Conforme mi hijo crecía, llegué a la conclusión de que era una versión en miniatura de los hombres que había conocido en el "océano Varonil". ¡Qué epifanía! De pronto vi cómo la mayoría del comportamiento egoísta que había tenido (cosas como "¿Por qué no me habla, llama o piensa en mí o hace lo que quiero?") ¡ya no tenía nada que ver conmigo! ¿Puedes imaginarlo? En verdad no lo había considerado.

UNA ESPECIE DE HERRAMIENTA

En un punto en mi vida, me di cuenta de que había tratado a los hombres como las herramientas tratan a las mujeres. Justo como los hombres más egoístas, dividía al sexo opuesto en dos tipos: *a)* con los que quería salir y *b)* con los que no. Los del último tipo eran invisibles. Después, cuando tenía un novio o esposo, ellos hacían: *a)* lo que quería, *b)* o no lo hacían. En esencia, veía a los hombres a través del prisma de mí misma, mi ego, y siempre me sentía superior, lo que es la esencia del chovinismo. Los evaluaba y preciaba basada en qué tan bien trabajaban para mí. Como si no existieran para otro propósito.

No digo que esto es lo que haces con los hombres. Aun así, este punto de vista (que el valor de un hombre está relacionado con el valor que yo le asigne) lo tenía tan arraigado que no lo veía. Siempre había pensado que si un patrón quería contratar una bella secretaria, era algo desagradable. Pero no sabía que estaba haciendo algo similar: los hombres que me complacían existían, y los que no, no existían.

Como madre de un niño, ahora comprendo que hay grandes retos en criar un varón. El sexismo va para los dos lados (los hombres no la tienen más fácil que nosotras, a menos que pienses que crecer en un mundo en el que no debes mostrar sentimientos, morir en guerras y tener una expectativa de vida menor sea algo realmente mejor). Como mujer, me gustaría ver qué pasa si nos comprometemos a ser más amorosas y menos beligerantes con los hombres. ¿Qué tal si empieza conmigo? Realmente creo que éste es el siguiente capítulo del feminismo. ¿Deponer las armas y recoger el… no sé… rascador de espalda?

Más aún, nunca iba a cambiar esos hábitos. Ni tampoco necesitaba cambiarlos. Los chicos, incluso los que pueden hablar de sus sentimientos, tienen una forma diferente de moverse en el mundo. En parte es psicológico (sus cerebros son diferentes al nuestro, y también su sistema nervioso) y en parte es psico-lógica, lo cual es otra forma de decir que son chicos.

Al final del día soy un poco francesa.

No tengo idea de qué tratan los estudios de género, pero no creo que todo sea un constructo. Los hombres y las mujeres no son iguales. Y si has formado parte de una pandilla de niños, sabes lo que quiero decir: una gran parte del tiempo los hombres juegan con camiones y las mujeres con princesas. Incluso cuando sus padres comen alimentos orgánicos. Y por fin lo he aceptado. *Vive la différence!*

Lo que me lleva a mi siguiente parada: por lo general, los hombres en mi vida no esperaban para ver qué quería; sólo eran así. Me daban lo que tenían cuando lo tenían. Y no me lo daban cuando no lo tenían. Era extraño (incluso inexistente) que tuvieran lo que quería y no quisieran dármelo. Así no eran. De hecho, nada me ha vuelto menos egoísta con los hombres que comprometerme con la idea de que la mayoría de la gente (hombres, mujeres, todos) hace lo que puede en un determinado momento. Si no lo están haciendo es porque no pueden, no porque no quieran. Así que dejé de castigar a todos por no poder cumplir mi lista de peticiones (la mayoría egoístas).

Por años había estado funcionando con la teoría de que la mayor parte de lo que los hombres hacían era un comportamiento aprendido, y todo lo que tenía que hacer era "enseñarlos". Para ser honesta (y esto es bochornoso), nunca pensé que su forma de ser en este mundo fuera válida. Pensaba que la manera femenina (de hablar las cosas, procesar emociones, relacionarse emocionalmente) era superior. Y también era presuntuosa al respecto. Nunca se me ocurrió que pedir a un hombre que hablara conmigo (maldita sea) podía ser parecido a pedir a una mujer que dejara de ser tan emotiva. Incluso hay una palabra para lo que me faltaba: respeto.

Aprender a respetar cambió la forma en que me relacioné con los hombres de una forma muy sencilla: me bajé de mi pedestal y empecé a verlos como lo que eran. Debería haber sido evidente que no podía mantener una relación sana con alguien si no podía respetarlo; eso es el egoísmo: falta de respeto por los demás. Es cuando uno piensa: "Yo, mis pensamientos y sentimientos son más importantes que los tuyos, así que deben ir primero". Nadie quiere casarse con alguien que se acerque al amor de esta manera, porque eso no es amor real.

Cómo tendrás que cambiar

Vas a tener que ser una persona mejor. Sabes cómo hay personas que por naturaleza son "buena gente"; son diligentes, corteses, atentas, graciosas y amables, ¿verdad? En otras palabras, ¿muy molestas para alguien egoísta? Bueno, vas a tener que ser así. Excepto que para ti no va a ser natural. Sin embargo, hay un atajo secreto que te llevará de donde estás ahora a donde quieres estar; algo como en el juego de serpientes y escaleras, sin tener que tirar un seis. Y el atajo es: dejar de vivir tu vida a través de tus sentimientos. Detente.

La mayor parte del tiempo, tus sentimientos no son lo que piensas que son. No son bebés súper hermosos que necesitan que los alimentes y cuides. No necesitas caminar con ellos pegados a tu pecho y con sus piernas colgando en una cangurera. Puedes hacerlo como terapia una vez a la semana por una hora, pero nada más. Porque tus sentimientos no son todo lo que se supone que son.

De hecho, vivir a través de tus sentimientos es una forma segura de saber que piensas en ti todo el tiempo. Que eres egoísta. Sí, algunas ocasiones tus sentimientos son importantes; cuando hay una muerte en la familia, cuando sucede algo grande (bueno o malo) o cuando procesas un trauma de la infancia. Pero como dije, hay un lugar y un tiempo para eso.

El resto del tiempo, tus sentimientos no deben ser más importantes que levantarte de la cama por las mañanas, ir a trabajar, preguntar por la familia de alguien o cambiar tu tampón. Y no son más importantes que los sentimientos de alguien más. Si quieres una vida feliz (y si quieres tener una relación amorosa), tienes que poner tus sentimientos en el lugar adecuado.

Conozco una forma maravillosa de alejar los reflectores de tus sentimientos: deja de prestarles tanta atención. En los días que afloran mis sentimientos, los veo como clientes revoltosos en la fila de devoluciones de Ikea, y yo soy la dependienta agraviada. Cuando mis sentimientos exigen hablar con el gerente, simplemente trato de mantener la calma para no hacer crecer la situación. "Sí, señora", les digo. "La escucho, señora. Por favor tome asiento e iré a verla en cuanto me sea posible." (Pongo énfasis en "pronto", así mis sentimientos saben que sí me importan, sólo que no puedo dejar todo y atenderlos antes que a los asuntos de todo mi maldito día.)

¡Mis sentimientos odian esto! Empiezan a saltar en el fondo como niños en tomas de un programa de TV en vivo. Pero tu programa en vivo es una gran relación y no puedes dejar que la arruinen. Un hombre maduro no se involucrará profundamente con una mujer egoísta que permite que sus sentimientos dominen su mundo. ¡Es muy extenuante! Ningún hombre que se respete quiere vivir esa crisis (evitable). Y, honestamente, ¿tú sí?

Asuntos espirituales que te ayudarán a cambiar

El remedio espiritual para el egoísmo es la atención. El matrimonio tiene que ver con la atención. Sí. Es lo que dije: atención. Quiero que le pongas atención a tu marido y, si en esas estamos, a todos a tu alrededor. Serás una persona mucho más feliz. No digo que te conviertas en una especie de sirvienta o geisha. Lo que digo es que necesitas hacerte a la idea de que amar a alguien significa dar algo, no recibirlo. (Esto es verdad para mujeres y hombres.) Y lo que vas a dar es amor. Incluso cuando alguien no lo "merezca".

Una de las grandes paradojas es que todos quieren ser amados incondicionalmente, pero nadie quiere volverse una persona mejor de lo que ahora es. Por esta razón ¡hay tantos problemas en el mundo de las relaciones! Todos queremos permanecer igual mientras el otro cambia. Si quieres ser una mujer centrada, lista para amar a un hombre de verdad, vas a tener que ser la primera en cambiar.

Y puedes empezar justo ahora, en tu vida diaria. Por ejemplo, la próxima vez que estés en el auto, deja que el coche que trata de meterse a tu carril lo haga. Sonríe y salúdalo. Siéntete magnánima. Mira cuánto odias ese sentimiento. Por esta razón empiezas con extraños; porque al principio ser la persona amable duele. Nadie te ha dicho que ser magnánima es doloroso. En especial cuando lo haces por tu pareja; se siente como si alguien ganara poder sobre ti, y hay una parte en ti que va a querer matarlos.

Es como tratar de calzar unas lindas zapatillas del seis y medio en tus pies que son talla ocho. Piénsalo de esta manera: si alguien te dijera que llevaras esas zapatillas a los Oscar, estarías dispuesta a hacerlo por esa ocasión aunque fuera doloroso, ¿verdad? Sin embargo, son zapatillas especiales, y mientras más las calces (por ejemplo, cuando tratas de ser mejor, no importa si él trata de ser mejor; sólo se trata de ti), se amoldarán mágicamente a tus pies. Y si calzas esas zapatillas tanto tiempo que las desgastas, tal vez te des cuenta de que tu hombre estará ocupando el espacio que tú creaste.

Como un beneficio adicional, esto te preparará para la maternidad, la cual, como lo mencioné antes, es como cuando estás atrapada en el tráfico y tu hijo se mete intempestivamente delante de ti. Algunas veces podrás ir adelante, pero te sentirás muy culpable al respecto. O tendrás que pagar a una niñera 15 dólares la hora para acceder a ese privilegio.

Una vez más, esto es práctica espiritual. El matrimonio y la maternidad estarán repletos de situaciones que no te gustan. Y ¿cómo te encontrarás en esas situaciones? ¿Como una niña que hace rabietas, temerosa, lastimada y como víctima? ¿O amorosa, con gracia, de buen humor y bendiciendo a los que te rodean? Porque estas cualidades son el núcleo del servicio. Y si estás preocupada por todo este trabajo sin nadie que lo aprecie o note, no lo estés. Porque no necesitas reconocimiento por nada de esto. Es muy seguro que obtengas lo único que necesitas; no hay otra posibilidad.

Serás una mejor persona.

Lo que tu vecina sabe pero ni en sueños te diría

Hagamos un repaso del capítulo 5:

- Eres egoísta. Siempre piensas en ti y eso es poco atractivo. Tu egoísmo se esconde en todo tipo de actitudes; identifícalas y deséchalas.
- Piensa en dar, no en recibir. Mientras más rápido te des cuenta, más rápido podrás mandar al diablo el matrimonio (sólo bromeo). Pero ten en cuenta que los hombres no existen para ti. Deja de actuar como si así fuera.
- Sé una mejor persona. Deja de prestar mucha atención a tus sentimientos. A ellos no les importan tus intereses, quizá porque quieren todo para ellos.
- Practica la atención. No seas una mártir, pero piensa en lo que puedes aportar. En especial en tus relaciones. Serás mucho más feliz.

6. ERES UN DESASTRE
O NECESITAS ORDENAR TU VIDA

1. ¿Pareces atraída (o atraes) a chicos con problemas serios?
2. ¿Tienes actitudes que escondes incluso a tus mejores amigos?
3. Si miras tu vida en este momento, ¿dirías que estás lista para cuidar de un hombre y/o bebé?

He aquí algo para reflexionar. Imagina que el hombre de tus sueños ha estado observándote por circuito cerrado desde hace 36 horas. Sin que lo supieras, en cada cuarto de tu casa había cámaras grabando todo lo que hacías, y el hombre por el que habías estado esperando toda tu vida lo veía. Cada momento. ¿Qué es lo que ve? ¿Tu cuarto desordenado? ¿Tu ataque por comer helado? ¿Tu aventura de una sola noche?

Y cuando hubiera acabado de verlo, haría copias de tus estados de cuenta, historial médico y de control vehicular, y de tu cuenta de tu última ida al súper. Sabría todo de ti: tus ingresos, evaluaciones del trabajo, reembolsos de impuestos y lo que tienes guardado en una bodega. Tal vez no leería tu diario, pero no tendría que hacerlo pues habría estado ahí todo el tiempo.

¿Te asusta la idea? Porque, en esencia, eso es el matrimonio. Quienquiera que sea tu esposo, verá cuando te salga una espinilla gigante en la mejilla, sabrá de tu infección vaginal y te verá vomitar cuando estés enferma. Y eso es únicamente lo que a todos les sucede. ¿Qué cosas haces que ni siquiera sean normales? Alguien más tendrá acceso directo a los detalles más íntimos y rutinas de tu vida. Podría no gustarte, pero puedes lidiar con eso. A menos que seas un desastre.

Un desastre es como suena: desorden. El desorden no es algo que alguien quiera en un compañero de cuarto, compañero de trabajo, y menos en una esposa. Ser desordenada en la vida es como si estuvieras en una película del oeste donde, de alguna manera, Jennifer Jason Leigh en *Mujer soltera busca* (o Reese Witherspoon en ese filme de la abogada vestida de rosa) acabara en tu carreta y tuviera que cruzar las Rocallosas con ella como acompañante. En otras palabras, si eres un desastre, eres una carga.

De qué se trata realmente

Ser un desastre está relacionado con tener problemas. Si tienes algo que no dejarías (o podrías dejar) que el hombre de tus sueños viera, puedes estar segura de que, al menos en parte, eso contribuye a que sigas soltera. Me refiero a problemas de conducta, emocionales o psicológicos suficientemente serios para interponerse en tu camino hacia el altar. Tal vez beber toda una botella de vino cada noche (dejar un cuarto de botella no cuenta), o comer demasiado o estar atrasada con el pago de 425 dólares de tus lentes de sol. Quizá tengas una relación desastrosa con tu mamá, una obsesión con la limpieza o un giro sexual extraño. Algo como eso.

No es que tengas que ser perfecta. No. Todo mundo, como dice el refrán, tiene su algo. Pero algunas cosas son más problemáticas que otras. Fumar en secreto un cigarrillo al día tal vez no termine una relación. Fumar crack en secreto, sí. El viaje ocasional para jugar blackjack en Las Vegas podría no ser un problema, pero el robo ocasional en una tienda, sí. Todo depende de lo que esté sucediéndote.

Hay una sencilla manera de saber si algo está afectando tu habilidad para relacionarte, y ésta es si quieres mantenerlo en secreto. Estar en una relación seria, del tipo que llega al matrimonio, requiere que te muestres tal como eres. Si tienes algo que esconder, no estarás dispuesta a hacerlo. Pero en lugar de admitirlo, varias chicas preferirían escoger hombres que no se comprometen, hombres con los que no quieren casarse, u hombres que tienen problemas más serios que los de ellas.

No eres consciente de eso, no necesariamente. Es más como si de vez en cuando, de manera súbita, te descubres diciéndote que cuando por fin dejes de [llena el espacio], o de tener un problema con [llena el espacio], quizá conozcas al *indicado.*

Estos pensamientos no suelen salir de la nada y presentarse. Se parecen más a cuando vas caminando por la calle de una ciudad desconocida y de pronto vislumbras a tu maestra de cuarto año. Te preguntas: "Momento... ¿sí era ella?" Y tu conciencia te responde: "Naa, creo que no".

Este tipo de pensamientos se esconden porque ninguna parte de tu mente quiere creer que lo que estás haciendo tiene efectos de largo alcance en tu vida. Pero puedo asegurarte que si quieres mantener algo en secreto, o si te ha sucedido que tu chico no se aparece hasta que soluciones algo en particular, lo que sea que estés haciendo está afectando tu vida amorosa.

La otra gran pista es si alguna vez te has preguntado: "¿Debería bajarle a [llena el espacio]?" Como siempre digo, nunca nadie quiere disminuir la ingesta de brócoli o comerlo sólo los fines de semana. La gente quiere controlar el uso de algo que, hasta cierto punto, es un problema. Así que si tratas de controlar algún comportamiento, tienes que tomarlo en serio.

Quizá te digas que lo harás cuando aparezca el indicado. Incluso podrías pensar que tu chico, una vez que llegue, te ayudará a detener estos comportamientos. (Buena suerte con eso.) De lo que no te das cuenta es que cualquier hombre que te quiera con esos problemas (sobre todo de interacción), también tiene problemas.

Esto es verdad incluso si no es muy consciente de tus problemas. Las personas somos animales; tenemos todo tipo de habilidades intuitivas en funcionamiento que recopilan información sobre el otro. Creo que, hasta cierto punto, percibimos todo de los demás. Así es como sabemos que alguien nos atrae. Nuestras mentes hacen millones de cálculos sobre lo que ven en los ojos del otro, sus gestos o lo que sea que percibamos con nuestros vellos en los brazos. En un segundo decidimos si nos gusta, y después nos sorprendemos cuando resulta que ama a Bon Jovi, tiene un problema de ira y debe mucho dinero a Hacienda; justo como el último chico que tuve.

Como lo he mencionado, cuando alguien es un buen partido, podemos estar absolutamente seguros de que lo es porque una parte de nosotros está en consonancia con una parte del otro. Y quizá no sea a un nivel consciente:

Ella: No puede ser, ¿te gusta el púrpura? ¡A mí también!

Él: Excelente. ¡Vamos a ser la mejor pareja del mundo!

No. Las cosas que atraen y unen a personas a ti (y tú a ellos) están más relacionadas con el inconsciente y las heridas, que con lo que es consciente y no representa un problema. Los rubros de tu vida que tratas de mantener con cuidado en los límites de tu conciencia actúan como la luna con las mareas: ejercen una fuerza poderosa en tus relaciones.

Claro, el problema es éste: si tienes algo que esconder, podrías pensar que quieres conocer al Sr. Para Siempre, pero, inconscientemente, tienes un objetivo más inmediato: asegurarte de que nadie se acerque lo suficiente para descubrir lo que escondes. Porque eso querría decir que tendrías que dejar de hacer lo que haces, ¿verdad? Y si quisieras detenerte, ¿por qué no lo habrías hecho ya?

NOTAS DE MI VIDA COMO AMANTE DEL VINO Y DE DESPERTAR Y HORNEAR

En los 10 años entre mi primer matrimonio y el comienzo del segundo, terminé la universidad en Salt Lake City; me mudé a Portland, Oregon; comencé una carrera en las noticias por TV; conocí, me enamoré, me mudé con y me volví a mudar con tres novios con los que viví; pasé medio año viajando por Centroamérica y me mudé a Nueva York.

Por el camino adquirí muy malos hábitos. Tan malos que, para cuando había vivido en Nueva York por tres años, prácticamente nadie quería salir conmigo. Bebía demasiado y fumaba mucha marihuana. También tenía escasez de material

¿EXISTE UN GEN DE ESTABILIDAD MENTAL PARA LOS HOMBRES?

Investigadores del Instituto Karolinska en Estocolmo hicieron a 550 gemelos y sus parejas una serie de preguntas sobre su felicidad matrimonial, y después tomaron muestras de saliva de los hombres para extraer ADN. Lo que encontraron fue muy intrigante: cuantas más copias de una variante de un gen tuvieran (conocido como alelo 334), el vínculo con su pareja sería más débil.

Comparar hombres con dos copias de la variante del gen y hombres sin éstas mostró algo muy interesante: se halló que los hombres que presentaban las variantes tenían el doble de probabilidades de haber experimentado un periodo tenso en una relación en el año precedente. Igual de interesante resulta lo que mostró sobre las esposas, quienes (en comparación con las esposas en el grupo de control) reportaron menos satisfacción en sus matrimonios.

El estudio también encontró que los hombres con dos copias de las variantes tenían el doble de posibilidades de no casarse con sus compañeras y madres de sus hijos, que los hombres que no tenían dichas variantes.

Si estás preguntándote si puedes hacerle la prueba a un hombre, la respuesta es sí. Las pruebas para el alelo 334 están disponibles en línea. Pero no creas que realmente necesitas una prueba para saber si estás saliendo con un chico con dos copias del alelo. ¡Sólo evalúa qué tan feliz eres con él!

emocional; recuerdo al menos dos amigos que estaban tan cansados de mis llamadas lacrimógenas que empezaron a mandarme al correo de voz.

Pensé que lo estaba escondiendo. Y viéndolo en retrospectiva, tal vez parecía la típica chica con una carrera exitosa, con una personalidad arrolladora, trabajo interesante y un amplio círculo social. Pero para el ojo entrenado, era muy obvio que mi ambición se manifestaba como adicción al trabajo, mis "amigos" eran compañeros para beber y mi personalidad era más bien como una manía. Pero no lo sabía. Pensé que la estaba pasando de maravilla.

Hasta que ya no fue así.

Cerca de mi cumpleaños 29 empecé a darme cuenta de que, debido a mi tren de vida, no podía atraer una relación. ¿Qué diablos pasó? Me había mudado a Nueva York con mi novio de Portland (que había tomado la estafeta del novio de Salt Lake City, y éste del novio de Minneapolis con el que me había casado y mudado a Salt Lake City... ¿Captas, verdad?), pero, como había terminado con él (mi elección), no había nadie. Nadie. Sí, pasé un par de noches con un par de chicos, pero ninguno quería ser mi novio, después mudarse conmigo, con el objetivo eventual de casarse conmigo, así como acostumbraba. La estafeta yacía inservible en algún lugar.

Después de tres años sin una relación, estaba sola. Y era un desastre.

¿Llegué a pensar que esto de alguna manera estaba relacionado con mi santísima trinidad de trabajo, alcohol y marihuana? Para nada. De hecho, de haberme preguntado (y un par lo hizo), habría dicho que mis carrujos y cocteles no se interponían en mi camino. Hacían mi vida soportable hasta que llegara el siguiente nivel.

Pero, de vez en cuando, esta idea salía a flote: que, para tener una relación, tendría que dejar de hacer lo que estaba haciendo. Sobra decir que ésta no era una idea que me agradara. Así que traté de no prestarle mucha atención. Mis amigas, Margarita y María Juana, hicieron algo por mí que nadie más podía: hacerme sentir segura. Porque cuando pensaba en dejar que un chico de Nueva York, rápido, perspicaz y peligroso, entrara a mi mundo, sabía que no podría manejarlo sin mis pequeñas aliadas.

Así que decidí que las dejaría eventualmente, pero no en ese momento. En breve, me mudé a Los Ángeles, y seis semanas después dejé de beber. En un año estaba embarazada y comprometida (en ese orden) con un chico súper agradable. Tal vez ya no esté casada con él (acepto la mayor parte de la responsabilidad por eso; es un chico realmente bueno), pero puedo decir sin ninguna duda que es el mejor padre para un bebé con una madre con problemas que pueda haber. Y todo empezó cuando terminé con mis malos hábitos.

Por qué Kaley no se ha casado

Kaley es un buen ejemplo de una chica cuyos problemas la mantienen soltera. A los 36 años, se siente lista para el próximo paso en una relación, pero sus prospectos se atenúan (más bien casi se extinguen) en cuanto entran a su departamento. ¿Por qué? Su hogar es un desastre. Hay pilas de trastos en el fregadero, medio metro de ropa sucia en el suelo de su recámara y las sábanas no han sido lavadas quién sabe desde cuándo. Parece el apartamento de un niño de universidad o un cuarto de una universidad para hombres.

Kaley es, literalmente, un desastre.

Parece un problema simple: sólo hay que limpiar, ¿verdad? Aunque, en realidad, el problema de Kaley es como cuando te sale herpes debido a que se debilitó tu sistema inmune: parece que el herpes es el problema, pero, en el fondo, hay un problema mayor que no puedes ver. En el caso de Kaley eso sería una deuda enorme, gigante. Kaley debe al menos 57 000 dólares en seis tarjetas de crédito diferentes, y eso está arruinando su vida. Por fuera se ve perfecta: uñas y cabello hermosos, ropa de diseñador; pero nada de esto está pagado. Se la pasa evitando llamadas de sus acreedores y trata de disimularlo incluso ante sus mejores amigos. Se preocupa mucho por las noches y se pregunta cómo saldará esa deuda con su sueldo de agente de bienes raíces.

Mientras tanto, Kaley únicamente sale con chicos que piensa que tienen suficiente dinero para resolverlo con una firma; otra estrategia que no funciona. Porque incluso si pudiera encontrar a ese chico, tendría que ponerlo al corriente de lo que sucede y no ha podido hacerlo. Así que sigue debiendo más, y, conforme su deuda aumenta, también sus preocupaciones. Esta situación ha llegado al punto de que Kaley ha dejado de tener citas, porque cuando le confesó a un chico el exorbitante monto de su deuda, el chico terminó con ella. Ella le gustaba, pero no estaba dispuesto a asumir ese tipo de pasivos financieros. ¿Y por qué querría hacerlo? Una relación ya es lo suficientemente complicada para empezarla en números rojos.

Esto no significa que si tienes préstamos estudiantiles o hipotecas no eres material para el matrimonio. La clave está en tener la deuda controlada y que ésta sea moderada (por ejemplo, un préstamo estudiantil), y Kaley no está en esa situación.

ALGUNAS VERDADES RELEVANTES SOBRE LOS HOMBRES

Como lo mencioné antes, un hombre listo para comprometerse no sólo busca a su compañera sino a la madre de sus hijos. Espera, déjame repetirlo, esta vez con cursivas: *la madre de sus hijos.* Eso significa que quiere que seas todo lo que su madre fue, pero aún mejor. Sin todo lo que la prevenía de cubrir sus necesidades (puedes estar segura de que reprimió todo eso).

LOS HOMBRES SON COMO GATOS

Mi amiga Sara me contó una gran historia sobre el día de su boda. Estaba a punto de caminar por el pasillo hacia el altar con sus padres tomados del brazo, cuando su madre, Eileen, una rubia vivaracha que ha estado casada por 42 años (y contando), murmuró en su oído: "Voy a decirte el secreto de un gran matrimonio".

Claro que Sara era todo oídos. "¿Cuál es?", preguntó. La música acababa de empezar.

Hubo un largo silencio antes de que Eileen hablara. Después respiró hondo.

"El ego masculino no puede repararse", dijo Eileen.

Sara no podía creer lo que había escuchado. "¿Eso es?" El ego masculino no puede ser reparado. "¿Ése es el secreto para un gran matrimonio?"

"Sí, lo es", dijo Eileen, sin un dejo de ironía y todavía considerándose tan feminista como siempre.

¡Guau!

Sé que muchas de ustedes están pensando que eso fue algo muy barato. A primera vista, podría sonar como si Eileen considerara que los hombres son más importantes que las mujeres. O que las mujeres necesitan "minimizarse" para no intimidar al hombre. O que Eileen es muy anticuada. Pido un momento.

Lo que pienso que dice Eileen es que un marido se parece menos a un lagarto, el cual puede hacer crecer su cola de nuevo si se la cortan, y más a un gato, que puede vivir sin cola pero no puede saltar ni balancearse ni trepar a los árboles sin una. Tú quieres ser el tipo de mujer que envalentone a su hombre a trepar al árbol más alto.

Y no puedes hacerlo si eres un desastre.

Cuando un chico ve cómo te cuidas (o no), él sabe si (o no) estás lista para criar una familia. Incluso si lo sabe inconscientemente. E incluso si, al principio, esa familia consta de dos individuos: él y tú. Tienes que preguntarte si lo que verá el chico en el circuito cerrado de televisión lo convencerá de que tendrá una buena vida contigo y, en particular, si vas a llenar sus expectativas físicas y emocionales como se encuentra ahora.

De cierto modo, todo se reduce a esto. Somos más importantes para los hombres desde una perspectiva alimenticia que ellos para nosotros. Cuando las mujeres queremos ser alimentadas emocionalmente, tenemos media docena de personas con quienes acudir: nuestro mejor amigo, hermanas, segundo mejor amigo y, en un aprieto, nuestro ex mejor amigo. Los hombres por lo general sólo nos tienen a nosotras.

No tienen charlas íntimas en las que desnudan sus emociones con sus compañeros de trabajo. Así que, si tenemos algún problema en nuestra habilidad de estar disponibles emocional, física o espiritualmente, ellos saben que van a sufrir. "Sufrir" es una palabra poderosa, pero, en esencia, no estoy exagerando. Ningún hombre se enlistará en ese lugar.

Cómo tendrás que cambiar

No tiene caso disimular esto. Para cambiar, tendrás que hacer lo único que no quieres hacer. Ya sabes qué es (pues se trata de tu problema) y lo evades como loca. Incluso sabes que, en cierta medida, eso es lo que te aleja de establecer una relación con alguien. O, al menos, lo sospechas. Pero no quieres admitirlo. Porque si lo admites, tendrás que lidiar con tu problema y crees que no puedes o quizá simplemente no quieres. Está en una lista parcial de las típicas actividades que no quieres dejar de hacer: dejar de beber, perder peso, conseguir un empleo, renunciar a tu empleo, terminar con alguien, declararte en bancarrota, perdonar a tu papá (o el papá de tu hijo, o a tu mamá o hermano), dejar la marihuana, dejar de ver tanta televisión, tratar algún padecimiento, dejar un medicamento, dejar las pastillas para dormir, lidiar con tu desorden alimenticio, dejar de ser una bruja, ir más profundo con los hombres, dejar el sexo casual, y todo lo que he mencionado en este libro.

Como lo dije, sólo es una lista parcial. Ya sabes cuál es tu problema, si tienes uno.

En cuanto hagas lo que no quieres hacer, puedes entretenerte resolviendo el problema. Haz todo lo que la gente hace cuando lidia con algo: lee todo lo que puedas (asegúrate de buscar coincidencias, no diferencias; quieres identificar tu problema, no negar que tienes uno), regresa a la terapia que dejaste (en especial la de grupo, para que puedas ver cómo se ve la gente que niega tener un problema), ve a un grupo de 12 pasos, ve al médico, cancela la suscripción de la televisión satelital, prueba la acupuntura o busca un asesor financiero.

Sólo no esperes que todo se arregle de inmediato.

Hay un dicho que dice que cuando alguien deja algo que no era muy significativo, su vida mejora.

Pero cuando se deja algo grande, como una adicción o un comportamiento compulsivo, la vida empeora al principio. Eso es porque los problemas son estructurales: no te das cuenta, pero puedes convertirte en las paredes y pisos y techo de tu vida, sin siquiera saberlo.

Puedes sacar algo bueno de tener un problema; puedes imaginarte que, si te deshaces de él, tu vida será perfecta. Pero, por lo regular, te enfocas en el problema mayor que cubre los menores (una especie de préstamo consolidado, donde todos tus problemas se juntan).

Por ejemplo, tienes un problema de adicción a la comida, lo cual hace que tengas sobrepeso. Sabes que esto complica tus citas, así que decides dejar de comer alimentos chatarra. Pero una vez que dejas de comer azúcar, harina blanca y comida chatarra, descubres por qué lo hacías en primer lugar: te ayudaba a sobrellevar tu soledad, a controlar tu cambiante estado de ánimo y disminuía tu deseo de ir de compras todo el tiempo. Sin la comida, ahora te encuentras con una cuenta de banco mermada y un guardarropa lleno que piensas utilizar cuando hayas terminado de perder peso. Y eso te causa dolor y por eso bebes demasiado. Y así consecutivamente.

No desesperes, no es tan extraño. Tu vida es un ecosistema. Si cambias una parte, en especial si es una grande, afectará lo demás. Estarás tentada a renunciar, a volver a las viejas andadas. Por lo menos, eso parecía funcionar. Pero te aseguro (prometo) que si te mantienes en el proceso de dejar de hacer algo, tu vida mejorará. Y cuando tengas dudas, todo lo que tienes que hacer es lo siguiente: si ese viejo hábito no funcionó los primeros 35 años de tu vida, ¿por qué habría de funcionar los próximos 35?

ASUNTOS ESPIRITUALES QUE TE AYUDARÁN A CAMBIAR

La idea espiritual que aquí trataremos consiste en dejar ir. Dejar ir desempeña un gran papel en el mundo *New Age*, pero ¿qué significa? Podría parecerse a renunciar, pero no lo es. Es más como si tuvieras algo atrapado en la mano, un ave o mariposa, y abrieras la mano. Si el ave quisiera volar, ahora podría hacerlo. Y si no quisiera, no lo haría. Dejar ir es el proceso de confiar en que si algo no es bueno para ti, estarás mejor sin él. Así que déjalo.

Dejar algo, en especial si es tu problema, es muy difícil. Lo sé porque lo he hecho. Pero déjame darte un poco de ánimos: ¡vale mucho la pena! El meollo está en que la parte más difícil de dejar algo está en tu cabeza. Tu mente piensa que no puede vivir sin esto y sin el otro. Ya sabes que, por supuesto, eres capaz. Pero sólo en teoría, hasta que lo pongas en práctica.

Por ejemplo, intenté dejar de fumar miles de veces antes de que funcionara. En parte porque me permitía fumar "sólo uno". Claro, a las 72 horas "sólo uno" se volvía una cajetilla al día. Pero tuve que intentarlo varias veces para conseguirlo. Después mi mente ideó otro astuto plan (lo que pensaba justo antes de encender la cerilla): lo dejaré mañana una vez más. Pero, por supuesto, no lo dejaba por semanas o meses. Tuve que intentarlo otras siete veces para terminar esa mentira. Al fin, me harté tanto de fumar y estaba tan dispuesta a dejarlo que realmente lo hice.

Y cuando mi mente me tendía trampas y me decía "sólo uno más", o que lo dejaría al día siguiente, me centraba en lo que sabía: que si no lo tomaba, lo ponía en mi boca y lo encendía, nunca tendría que dejarlo de nuevo.

Así que, por fin, lo dejé. Además, me di cuenta de que fumar hacía que me gustara estar atorada en algo. Una vez que dejé de salir durante 10 minutos, 20 veces al día, no sólo tenía mucho más tiempo sino que me di cuenta de que no me sentía cómoda con varios aspectos tristes de mi vida, como mi empleo, mi novio y mi falta de creatividad. Pero si hubiera escuchado lo que decía mi mente (que no podía vivir sin tabaco), nunca me habría dado cuenta de eso. Tampoco habría cambiado.

Dejar de fumar (una de las varias cosas que tuve que dejar a través de los años, ¡incluyendo hombres sensuales, pero bobos!) me enseñó una gran lección: no importa cuál sea tu problema en la vida, la respuesta siempre involucrará dejar ir algo. La verdad detrás de esto es que la vida es una serie de despedidas. Infancia. Dejar que tu madre haga tu cama. El mejor amigo de la secundaria. Tu primera bicicleta. Tu primer novio. Tu juventud.

Más aún, en cuanto hayas dejado ir algo que tengas que dejar en ese momento de tu vida, tendrás que dejar ir algo más. Y no mucho después, tendrás que dejar ir algo más.

Y cuando hayas dejado ir todo tipo de cosas, una y otra vez, tendrás que dejar una gran última cosa: tu vida.

¡No quiero deprimirte! Más bien quiero decir que, a nivel espiritual, la vida consiste en dejar ir: personas, lugares, ideas, opiniones y posturas. Cuanto más dejes ir, más libre serás. Y cuanto más libre seas, más gentil (y cómoda) será tu camino en esta vida, porque no te resistirás con tanta fuerza.

Comprender esto es gran parte de ser una mujer madura en una relación. Saber cómo dejar ir te permite encarar las discusiones, decepciones y heridas con calma y compasión. Ya que has visto el panorama general (que tu vida se trata, finalmente, de dejar ir), te darás cuenta de que tener un esposo necio, arrogante, que niega todo o que hace algo humano, no es tan malo.

Visto desde otra perspectiva, lo que llamamos "problemas" son únicamente intentos para protegerte de una verdad ineludible de la vida: cuando todo se haya dicho y hecho, todo se quedará en esta tierra. ¿Qué mejor forma de protegerte del dolor de perder algo que evitarlo desde el principio? Vaya, Shakespeare se preguntó lo mismo hace 500 años: ¿es mejor haber amado y perdido que jamás haber amado?

En el fondo, tus problemas te protegen del dolor de amar y de perder. Así, una vez que identifiques a qué se deben tus comportamientos (estrategias diseñadas para evitar ser vulnerable frente a otro ser humano), y una vez que descubras que ser vulnerable no se puede evitar, estarás dispuesto a dejar ir. Porque, al final, dejar ir se trata de expandirse. De ser libre.

Deja que los cambios sucedan. Deja que la vida corra.

Lo que tu hermana te diría si tan sólo supiera lo que sucede

Hay que resumir lo que vimos en el capítulo 6:

- Eres un desastre. Tienes problemas y necesitas tratarlos antes de que puedas tener una relación exitosa con alguien.
- Guardas secretos. Así es como sabes si tienes un problema. Nadie esconde cuánto brócoli come. No es que todo el mundo tenga que saber todo de ti, pero si no quieres que tu hermana sepa algo, quizá sea por algo con lo que no estás a gusto.
- Haz eso que no quieres hacer. Tal vez ya sepas lo que se interpone en tu camino entre tú y una relación. Déjalo ir. Podría doler, pero sólo será temporal. Permanecer igual, dolerá para siempre.
- Dejar ir es de lo que trata la vida. Tus problemas vienen de protegerte del riesgo de amar a alguien. Dejar ir significa liberarte. ¡Deja que suceda!

7. TE ODIAS
O SÓLO PUEDES AMAR A UN HOMBRE EN LA MEDIDA EN QUE TE AMAS A TI MISMA

1. ¿Sueles compararte (favorable o desfavorablemente) con los demás?
2. ¿Has saboteado algo que en verdad anhelabas, aparentemente en contra de tu voluntad?
3. Cuando la gente habla de amor propio, ¿te preguntas qué significa?

El autoodio es invisible. No se aparece vestido con un brillante traje ante los reflectores y con una orquesta a sus pies, ni te canta una canción sobre cuánto te desagradas. De ninguna manera. El autoodio se parece más a un estafador. Se desliza en tu mente camuflado, como una de esas ingeniosas ranas en los documentales, las cuales se mimetizan con su entorno. Ni siquiera puedes verlas hasta que parpadean, e incluso tienes que mirar con muuucho detenimiento.

Otra forma de pensar en el autoodio es que es como un virus (digamos el herpes simple): no sabes que lo tienes hasta que aparece una erupción enorme y desagradable en tu labio. Al principio, no podrás creer que te suceda a ti (no has tenido temperatura), pero ahí está, justo en tu labio. Rezas para que se desaparezca y, cuando lo haces, olvidas muy convenientemente lo que te sucedió... hasta que regresa. Una vez más te sorprendes porque, como dije antes, no has tenido temperatura, a pesar de que la prueba está justo en tu cara.

Así es el autoodio.

El autoodio permanece latente bajo la superficie, recorriendo tu torrente sanguíneo sin ser detectado hasta que emerge cuando sucede algo malo. Después aparece cubierto de gloria (¿o de balas?) en forma de un monólogo que te es tan familiar que, la mayor parte del tiempo, no te das cuenta de que lo escuchas.

El autoodio es una parte de ti que te dice que tu vida nunca funcionará, que nunca serás feliz, que todo el mundo tiene el manual de la vida y sabe qué sucede, menos tú, porque es claro que eres una perdedora, y por cierto, estás gorda. Así son las cosas a menos que te digas que eres mejor que cualquier otra persona. Porque algunas veces, el autoodio preferiría proyectar su fealdad en otras personas.

Cuando el autoodio habla (y ama charlar más que una señora en un vuelo) se escucha muy real. Incluso cuando no habla, sigue ahí, invisible, ejerciendo esa odiosa influencia sobre tu vida amorosa. Sin que siquiera lo sepas. Y hasta que resuelvas ese problema, eso te mantendrá, sin duda alguna, soltera.

De qué se trata realmente

El autoodio se trata de no ser lo suficientemente bueno. No es que en realidad no seas suficientemente buena. Es la parte de ti que quiere que creas que no lo eres, y tiene algunas maneras muy ingeniosas de hacerlo. ¿Por qué querría eso? Bueno, es complicado. La psicología tiene muy buenas explicaciones que involucran a un padre interiorizado o alguna recreación de un trauma infantil, pero en realidad, todo lo que quieres es seguir con tu vida, y ¿una teoría psicológica te ayudará a hacerlo?

Lo que te ayudará en este preciso momento es entender que el autoodio es astuto. Sueles caminar pensando que mereces todo lo que quieres, sólo que no puedes descubrir por qué nunca se materializa como, por ejemplo, sucede con Gwyneth. Sin embargo, el autoodio es más desconcertante que eso, porque suele emerger cuando lo que quieres está justo al alcance de tus manos: empiezas a salir con un buen chico, pierdes siete de las 10 últimas libras que querías bajar, eres la siguiente para un ascenso en tu trabajo... y, de pronto, se aparece este zumbido negativo de baja frecuencia. Te convences de que lo que estabas a punto de alcanzar, eso por lo que estabas lista, va a esfumarse. El autoodio empieza tu sabotaje. Te das cuenta de que te pones irracionalmente celosa con tu nuevo novio, de que has comido patatas fritas por tercer día consecutivo o llegas una vez más tarde al trabajo y esperas que nadie lo note. Sabes que hacer estas cosas es dañino y desearías que no las hubieras hecho, pero ahí vas, caes de todas formas.

El autoodio es destructivo. Un gran no a todo lo que quieres.

El autoodio también cambia de forma. Y una de sus formas preferidas de aparecerse es a través de la idea de que nada es suficientemente bueno para ti. Es cuando rechazas a personas y cosas que podrían hacerte realmente feliz, a favor de personas y cosas que satisfarán al autoodio.

Además, el empleo ayudaría a mantenerte a ti y tu pequeño. O decides evitar la cena de cumpleaños de un amigo para salir con un chico que tiene novia pero le gusta hacer cosas malas contigo. O sigues tratando de tomar un café con la chica súper ocupada que quieres que sea tu mejor amiga, aunque nunca esté disponible, nunca. Terminas sintiéndote mal.

El autoodio ama susurrarte este tipo de elecciones porque sabe que, al final, concluirás (una vez más) que no sirves de nada y nunca tendrás suficiente dinero, serás amada ni tendrás grandiosos amigos. Porque la forma en que el autoodio opera es tratando de que hagas cosas que prueban que él está en lo correcto. El efecto de esto es que sientes que no eres lo suficientemente buena y nunca lo serás. Como resultado, te quedas atorada en lugar de seguir con tu vida. Y quizá la prueba de que te quedas en el mismo lugar es que nunca terminas de encontrar la relación que quieres.

Por qué Jasmine no se ha casado

Jasmine es una chica muy agradable. Atractiva, amigable, gran sonrisa, corazón enorme y una personalidad efervescente; tiene todo lo que se necesita para ser una esposa inigualable. Pero primero tiene que entender que es valiosa, porque en estos momentos cree que no lo es. Si trataras de decirle a Jasmine que es la única que piensa que no vale, te diría con vehemencia que no concuerda contigo. Te diría que hace ejercicio tres veces a la semana, come alimentos orgánicos y es voluntaria en un grupo que ayuda a chicas adolescentes de grupos vulnerables. Hace todo tipo de buenas cosas para ella misma y piensa que eso significa que no se odia.

Pero Jasmine, cuyo padre es el gerente de mantenimiento en una agencia de autos, no puede evitar ir tras el tipo de hombre al que llamo "mariscal de campo". Es el tipo con el

CATHERINE LA GRANDIOSA

Está bien, no sé si Kate Middleton es fabulosa o no, pero cuando pienso en chicas que sienten amor por sí mismas, creo que ella debe tener algo. ¿Por qué? Por la forma en que manejó su romance con el príncipe William. A primera vista, podría parecer que "Waity Katy" ("Katy la conforme"), como la llamaron los tabloides ingleses, es un tipo de violeta marchita. ¡Opino lo contrario! Sólo una chica que sabe lo que vale podría haber manejado la situación como ella lo hizo.

Después de todo, incluso las parejas normales que salen durante muchos años pueden tener discusiones acerca de si el hombre se comprometerá y cuándo. En el caso de Kate, todo un país la observaba. Puedo imaginarla escribiéndose a sí misma una carta después de una gran pelea con el príncipe sobre su futuro, y poniendo la carta en la caja de propósitos:

> Querida Kate:
>
> Sé lo maravillosa que eres aun si este príncipe lo sabe o no, y eres digna de ser reina, te pida casarte con él o no. Sólo relájate, no necesitas probarle que eres digna de ello. Ya sabes quién eres. Lo que

significa que puedes esperar tanto como lo decidas, porque si no es él, será alguien más.

Con cariño, Yo
(la futura Catherine, duquesa de Cambridge)

Pero, de cierta manera, el prolongado cortejo fue más como una práctica profesional interminable. Porque cuando lo piensas, en la era de los *paparazzi*, el prerrequisito esencial para la futura reina de Inglaterra, además de tener un útero disponible, es tener los impulsos bajo control. Y las chicas que no se aman no suelen tener control sobre sus impulsos. Durante 10 largos años, Kate tuvo que mantenerse firme y contener sus propios sentimientos: de tener que esperar, sin mencionar que tuvo que ver a millones de chicas lanzarse sobre el cetro del príncipe. Kate tuvo que contenerse. Lo que significa que tuvo que abstenerse de tener sexo impulsivamente con alguien más, mostrar sus pechos durante el receso de primavera, voltear la mesa en un restaurante en un acceso de ira, o mandar a William al diablo, porque, de cualquier forma, está perdiendo el cabello.

Eso no fue fácil. Una chica que ame más a un hombre que a ella misma se habría desquiciado en la espera. Pero Kate pudo esperar y, gracias a sus esfuerzos, ahora es una... duquesa. Lo cual, estoy segura, no es lo que ella imaginaba. Para obtener lo que quiere, ser princesa o incluso reina, tendrá que esperar tal vez otros 10 años.

Pero Kate ha demostrado que puede hacerlo.

título de la Ivy League: su papá es jefe de cirugía en un hospital importante, su mamá es miembro del circuito de caridad, es digno de confianza por haber asistido a una preparatoria elegante y tiene un cuerpo que sólo se consigue jugando lacrosse toda la vida. Si este tipo fuera una compañía sería como Apple, pero Jasmine es más como Apple-bee's. Es casi como si tratara en secreto de subir el precio de sus acciones Jasmine al fusionarse con una compañía más elegante y más valiosa que la suya. Al menos en lo que concierne al mercado. A primera instancia, podrías pensar que Jasmine es superficial. Pero sucede otra cosa. Mira más de cerca y verás que se siente atraída al mariscal de campo porque a ella le falta algo; lo cual quiere decir que, en lo profundo, necesita compensar algo. Quiere alguien que sea "más" de lo que ella es. (Como lo define ella.) Si no creyera esto, podría descubrir que sería feliz con un chico normal, con una familia normal y un trabajo normal.

Así es como sabes que la situación de Jasmine no es la que quiere: cada vez que Jasmine es "rechazada" (su término), utiliza el rechazo para confirmarse que hay algo malo con ella, y por eso nunca encontrará un gran marido ni será feliz. Concluye, una vez más, que no es lo suficientemente buena, bonita, lista ni fina para conseguir al chico que quiere.

Y en cierta medida, tiene razón. Un vistazo rápido a su vida lo confirma. Cuando pienso en un mariscal de campo, pienso en Tom Brady, el ganador del Súper Tazón que juega en los Patriotas de Nueva Inglaterra. ¿Y con quién está casado? Bueno, terminó con una hermosa actriz de Hollywood para irse con una supermodelo aún más hermosa. Y no cualquier supermodelo: la supermodelo más famosa del mundo. Sabe que su compañía es Apple, y lo utiliza.

Es biología básica que todo mundo tratará de conseguir la mejor pareja posible. Pero cuando la maquinaria del autoodio mina el proceso, terminas en una situación como la de Jasmine. Gasta toda su energía persiguiendo a estos chicos, quienes suelen ir tras chicas inalcanzables, aun cuando el reloj sigue su curso y ella está lista para asentarse.

Si estás en la situación de Jasmine, no te preocupes. Con lo que estás lidiando es sólo con la creencia de que no eres suficientemente buena, una creencia que se puede erradicar, porque no es cierta.

Sólo que todavía no lo sabes.

TODO ESTÁ BIEN

Tu problema es lo que necesitas para curar tu problema. ¿Eh? Piensa en tu problema como un *push-up*. No, no un *push-up bra*, sino la técnica que usan los soldados para volverse fuertes usando sólo su cuerpo y algo que no se mueva, como el piso. En mi metáfora, el problema (también conocido como tu falsa creencia) es el suelo. El objeto inamovible. Conforme haces fuerza contra este objeto inamovible, te vuelves fuerte.

Empujar, en este ejemplo, es cuando ves tu falsa creencia (que no eres suficientemente buena) y, en lugar de derrumbarte sobre el suelo, lo contrarrestas diciéndote que es falso. Te alejas de éste con la verdad: vales mucho, aquí y ahora.

Cada vez que haces esto, haces una flexión. Y si lo repites varias veces (porque eliges ser disciplinada para no tener falsos pensamientos en tu mente), te volverás más fuerte. Ésta es la razón por la que no necesitas deshacerte de tus falsos pensamientos, sólo tienes que retarlos. Ellos tienen lo que necesitas para crecer. Asimismo, es la razón por la que la gente dice: "todo está bien". Incluso algo malo es bueno, pues ofrece la oportunidad de crecer. Entonces, problema = fuerza.

Notas de mi vida como esposa engañada

Mi tercer esposo, Paul, me dejó. Espera, borra eso. De hecho, yo lo dejé. Pero él me engañó y fue imposible quedarme con él. Nunca es fácil lidiar con la infidelidad, principalmente porque casi siempre reta tu sentido de ser suficientemente buena. Para empezar, como la esposa engañada, mi querido tercer esposo escogió a una niña de 21 años. (¡Gracias!) Yo tenía 41, así que, como puedes imaginar, me cayó como peso extra para subir la colina de mi autoestima. También se le ocurrió empezar su nueva relación después de sólo nueve meses de matrimonio (¿o fueron ocho?), lo que realmente me ayudó a tomar buenas decisiones en mi vida. Además, ahí está mi historial de la niñez, con todo el abandono, mi papá en prisión, blablablá. No necesitas ser psicóloga para ver cómo el autoodio en mí quería concluir que no era suficientemente buena y nunca lo sería.

Casarme con Paul fue como batear un cuadrangular al jardín del autoodio. Incluso solía decir que por eso lo había escogido. Porque, en cierta medida, sabía que él cumpliría mi creencia medular de que cuando amara en realidad a un hombre, él me dejaría o haría algo para que yo lo dejara. Es cierto, tenía algunos problemas mayores con la autoestima o no me habría fijado en Paul en primer lugar, porque él era un tipo de problema sensual. (¡Tan guapo!)

Pero la vida es tan elegante que siempre mete la solución a un problema (tal vez lo esconda) en el bolsillo del problema mismo. Aprendí esto en la práctica: era un domingo por la tarde y trataba de lidiar con el hecho de que una niña de 21 años estaba marcando al celular de mi triste marido. Para el final del primer día, me di cuenta de que tenía dos opciones: *1)* darme por vencida (y también con los hombres) de una vez por todas y volverme una amargada, o *2)* decidir que lo que fuera que pensara sobre mí, estaba basado en una idea de la niñez y por lo tanto era falsa. Y estaba lista para ser curada.

Elegí la número dos. Que eran buenas noticias. Significaba que sentarme frente a mí no era la prueba de mi desastroso matrimonio ni de que estaba condenada en el tema de las relaciones, sino era el indicio de algo más esperanzador: una enorme pila humeante de *aprender cómo amarme.*

Algunas verdades relevantes sobre los hombres

¿Recuerdas cuando dije que este libro trata más sobre ti que sobre los hombres? Lo decía en serio. Porque lo que mi tercer esposo me ayudó a comprender, y espero que tú estés empezando a hacerlo, es que para llegar al siguiente nivel en el juego de las relaciones, una dama tiene que tomar 100% de responsabilidad sobre los hombres en su vida (o, en su caso, los que no estén). Cien por ciento.

Eso significa que tendrás que aceptar que eres tú la que mete a los hombres en tu vida, incluso los malos. No quiero decir que los eliges conscientemente. No digo que quieras que te traten mal. Lo que estoy diciendo en nada va a cambiar hasta que te des cuenta de que, en cierta medida, has estado escogiendo este tipo de hombre.

Después de todos estos años de matrimonios y citas, y de tantos fracasos (o "pre-éxitos", como me gusta llamarlos), esto es lo que sé: los hombres reflejan nuestras creencias más profundas e inconscientes.

Es casi como si cada relación fuera un cuento de hadas donde el hombre fuera hipnotizado por un hada malvada para reflejar eso en ti. No para lastimarte, aunque sentirás que eso hace hasta que despiertas de tu profundo sueño, pero esta vez para que puedas sanar y sepas quién eres.

Bueno, tal vez eso sea muy junguiano (o tal vez muy chiflado), así que déjame explicarlo de otra manera. Piensa en una relación con un chico como una película que hable de ti y sea proyectada en una gran pared blanca llamada Él. (Ten en mente que por lo general él no sabe que forma parte de esta experiencia fílmica.) En la cinta, todo lo que pienses de ti, desde "estoy gorda" a "soy adorable", saldrá por arte de magia de Su personaje y se reflejará en Su comportamiento. Donde estés segura de ti, el chico de la pantalla estará seguro de ti, y donde no estés segura, el chico en la pantalla te comprará una membresía al gimnasio el día de san Valentín. (Historia verídica.)

Si quieres saber qué tan profundamente crees en ti, sólo mira los diversos comportamientos y actitudes de esos personajes, los que han estado en tu vida. ¿Encuentras algún patrón? ¿Algunos denominadores comunes? Tal vez siempre estás con un chico que te critica o controla o es infiel. Es difícil aceptarlo, pero así es como crees que deberías ser tratada.

Cuando escuché la idea por primera vez, me burlé: "¿Estás bromeando?" Pero sabes que estás lidiando con una creencia inconsciente cuando no sólo es ridícula sino que también te hace enojar. Porque nadie se enoja por algo a menos que, en lo profundo, tenga algo de verdad.

De cualquier forma, te invito a que pruebes esto aunque sea por un momento. Siempre puedes deshacerlo si no te sientes a gusto. Porque ver a los hombres de esta manera te da poder; ahora los ves a ellos, y a tu vida, de una manera completamente nueva. Se trata menos de "Vaya, ese tipo era un idiota" y más de "PM, ¿eso es lo que pienso de mí?" También puedes ver tu progreso. Sabes que avanzas cuando pasas del tipo de chico que se enfurece por todo al que algunas veces se enoja, pero todavía es razonable.

Obvio, si tienes creencias inconscientes sobre ti que no te funcionan, querrás cambiar esas creencias. Pero ¿cómo?

Cómo tendrás que cambiar

Tendrás que despedir a tu ego. Si crees que no eres suficientemente buena, puedes estar segura de que tu ego es el director ejecutivo de la corporación TÚ. Así es el ego: se compara constantemente y decide que uno es mejor o peor. No hay iguales en el mundo del ego. Disfruta ver sudar a gente agradable como tú. Piensa en el ego como el Mago de Oz detrás de una cortina, proyectándose sobre una gran pantalla, haciendo ruidos espantosos e intimidantes. Escupe odio, cosas malas, para que pueda quedarse a cargo.

El autoodio no es un estado natural, no nacemos odiándonos. La idea de que somos más o menos que alguien, u otra cosa de lo que se supone seamos, siempre es creada por el ego. (Esto también es cierto, dicho sea de paso, para el hombre que vas a amar. Tu ego tratará de decirte que es mejor o peor que alguien, o mejor o peor que tú.)

¿Entonces qué es el ego? Primero que nada, no es el tú verdadero, aunque quiere que pienses que sí lo es. La mejor manera que conozco para describir al ego es ésta: el ego es el "tú" que tiene la voz grave y vive en tu mente.

Si el autoodio es el catorceavo payaso que sale del automóvil en el circo, el ego es el auto en sí. Es la parte de ti que te conduce y dice cosas de las que terminarás arrepintiéndote, desde mandar un correo furioso a tu hermana porque "se lo merecía" hasta comprar el BMW que no puedes pagar porque "te lo merecías". De cualquier forma, el ego no cuida tu espalda.

¿Más? El ego habla. Y habla y habla. Tiene una lengua afilada, como Simon Cowell en *American Idol* o Sue Sylvester en *Glee.* El ego truena los dedos en forma de Z mientras mueve su cabeza y te ve. Podría sonar astuto, pero nunca tiene nada agradable que decir.

Siempre que tu ego dirija la función, te tendrá sujeta a sus mensajes negativos y de odio sobre quién eres. También serás víctima de mensajes sobre quiénes son los demás, como los chicos con los que tratas de salir. De cualquier forma, si haces caso a estos mensajes, la mayor parte del tiempo no podrás ser una persona amable y amorosa. No para ti, ni para nadie más. Obvio, esto tendrá serias consecuencias en tus relaciones.

Lo importante aquí es que sólo puedes amar a un hombre en la medida en que tú te ames. Tu habilidad para ser compasiva y amable con alguien, incluso cuando ese alguien ha hecho algo muy estúpido, e incluso cuando ese alguien eres tú, viene de tu habilidad para ser compasiva y amable contigo misma. Por eso se dice que la amabilidad es compartida, porque la das de tu propia pila de amabilidad. Y si sólo tienes una pequeña pila, el matrimonio se te va a hacer difícil.

Así que, ¿cómo construyes una pila más grande?

Asuntos espirituales que te ayudarán a cambiar

Tienes que empezar a quererte. Si alguna vez has leído un libro de autoayuda, o visto *Oprah*, has de estar asqueada de escuchar cuán espiritual es practicar el autoamor, incluso al punto de que crees que es un cliché horrible. Tiene un poco de eso. Pero eso no cambia el hecho de que tu habilidad para amarte está relacionada con tu habilidad para estar en una relación, así como (y por esta razón estamos hablando de eso) de tu habilidad para cambiar las cosas que se interponen en el camino para relacionarte.

Si eres como yo solía ser, tal vez ni siquiera puedas estar segura de lo que significa. Hay que aclarar una cosa, el término "autoamor" suele intercambiarse por "autoestima", pero no son lo mismo. La autoestima es pensar que tu trasero se ve formidable en esos jeans. El autoamor es cuando eres amable contigo incluso si él no lo es.

Si tuviera que hacerlo más simple, diría que el autoamor es cuando te tratas como te trataría, por ejemplo, un abuelo o tus padres.

Entonces, ¿qué es eso? No quiere decir que tienes que consentirte y comprarte una nueva bolsa Fendi cuando tengas un mal día en el trabajo. Quiere decir que tienes que ser más amorosa, generosa, y apoyarte más... Así es, como tus padres quisieran que te hubieras tratado: te pones límites, esperas mucho de ti y te sientes orgullosa de ti (no de manera abusiva), porque quieres tener una vida fabulosa.

Cuando algo malo sucede, te responsabilizas por eso, no culpas a los demás. En especial, cuando salen mal las cosas (y en esta vida, varias cosas te saldrán mal), debes tratarte como alguien que cuida amorosamente de sus niños, no te digas nada malo, ni que eres tonta o que lo merecías, o que hay algo malo en ti. No te digas nada que Betty White no te diría.

UN RASTRO DE HUELLAS

Una relación contigo misma es como una serie de huellas que lleva a los hombres hacia ti. A donde quiera que lleven esas huellas (ya sea a un lugar de autoamor o miedo) los hombres que tengan esas cualidades son los hombres que te alcanzarán.

Bien, ya lo aclaramos. Pero regresemos a lo que decía sobre que el autoamor es el ingrediente más importante en el cambio. He aquí por qué: para que un cambio ocurra, tendrás que permitirte comprender que necesitas un cambio. Pero en los años de hablar con mujeres que están en el proceso de amarse y aprender cómo hacer cambios, he notado algo. Permitir que este conocimiento se filtre a la superficie de tu mente sólo puede suceder si sabes, en lo profundo, otra cosa muy importante: que aún necesitas amarte si admites que quieres cambiar.

Déjame explicarlo un poco mejor. A mí me sucedió que no podía siquiera escuchar lo que hacía mal en una relación porque, fuera lo que fuera, sólo podía significar una cosa: ¡no podía ser amada! En primer lugar, por mí.

Por ejemplo, en una ocasión un novio me dijo que hablaba mucho y sentía que casi nunca podía hablar. Es una crítica muy simple, y tal vez cierta, pero aun así, no podía escucharla. La razón por la que no podía escucharla es porque no había forma de que pudiera amarme porque era una persona que habla mucho. Solía discutir a muerte para convencerlo de que yo no hablaba mucho, sino que él hablaba poco y ése era su problema. Obvio. Y si tenía que hacer algunas observaciones sobre su desarrollo en una familia disfuncional para fortalecer mi argumento, entones, oh, bueno... no era que yo estuviera mal. Lo que me lleva a otra gran queja que mis novios me han hecho: siempre pienso que tengo la razón. Éstos son sólo dos de los grandes problemas al principio de una larga lista de cosas que solía o suelo hacer.

Por desgracia, mientras no pueda recibir críticas (porque no podré considerarme adorable si permito que sean ciertas) no puedo cambiar.

Podrías estar preguntándote qué es en realidad amarte. Bueno, así se veía para mí. Cada vez que pensaba en lo estúpida que era por haberme casado con Paul, simplemente me decía con calma y en silencio: "Te amo, Tracy". Después podía oírme (en realidad era mi ego) diciéndome que era vieja y estaba acabada porque había sido echada por la borda para cambiarme por una de 21 años, y lo volvía a decir: "Te amo, Tracy". Y cuando me di cuenta de que iba a tener que reconstruir mi vida desde cero a los 41, sólo lo dije una vez más:

"Te amo, Tracy". Lo digo cada vez que tengo un pensamiento negativo sobre mí.

Lo repito bastante.

Y cada vez trataba de decirlo en serio. Al principio era extraño, pero con el tiempo las palabras comenzaron a sentirse menos vacías. Comencé a experimentar el sentimiento detrás de las palabras, te amo, y me sentía bien. Quiero decir que estaba de pie detrás de mí, podía reconfortarme, tener compasión de mí y podía asegurarme que todo saldría bien.

Funcionó, y no sólo para sobrellevar lo que venía justo después de un rompimiento. Seguir adelante, ya sé que no importa lo que suceda con un chico, siempre estaré bien. Y eso, como resultó, era la cosa que había estado faltando en todas mis relaciones.

Lo que tu abuela sabe y con gusto te diría

Hagamos un repaso del capítulo 7:

- Te odias. Piensas que no eres suficientemente buena y eso se está interponiendo en el camino para dejar entrar a alguien en tu vida. ¡No es cierto! Eres maravillosa, aun cuando no eres perfecta.
- Los hombres son como espejos. Te muestran tus creencias más profundas sobre ti misma. Busca patrones, ¿en qué parte de tu autoestima necesitas trabajar?
- Despide a tu ego. El ego es la voz en tu cabeza que piensa que es Simon Cowell. Dile que el programa terminó y es hora de ir a casa. Si crees lo que te dice, te será

muy difícil ser una persona agradable. En especial para los hombres.

- Aprende a quererte. Tu habilidad para tratarte como una persona amorosa te trataría es crucial para tu habilidad de tener una relación saludable. Porque sólo puedes amar a alguien tanto como te ames a ti misma.

8. ERES MENTIROSA
O CÓMO TE ENGAÑAS Y OTRAS TRAGEDIAS

1. ¿Le has dicho a alguien que no quieres una relación cuando sí la quieres?
2. ¿Has ignorado las señales de alarma sobre un chico porque lo deseas?
3. ¿Has escondido detalles de una relación porque tus amigos te dirían que la termines si lo supieran?

Tal vez comienza así: conoces a un chico que te atrae. Eso casi nunca sucede, así que incluso antes de que termine su primera charla, ya como que esperas en secreto (en lo profundo de tu mente) que esto funcione. Otra parte de ti ya está segura de que no, ya que te ha sucedido un millón de veces y, si las cosas hubieran funcionado, no estarías aquí ahora, bebiendo un mojito y preguntándote si te gustará vivir en el vecindario en el que te dijo este chico que vivía. También mencionó algo que dejó en claro que no está disponible para una relación seria, pero tú estás cansada de detener las cosas antes de que incluso comiencen. La gente cambia de parecer todo el tiempo. Además él es muuuy bonito.

En las siguientes semanas, las cosas pasan de los besos a,

bueno, pasar la noche juntos. No estás saliendo con él, pero están cerca de hacerlo. Van a cenar, al cine y a exposiciones de arte, pero cada quien paga sus cuentas y tú lo invitas tan seguido como él lo haga. Aun así, disfrutas su compañía y existe la posibilidad de que se convierta en algo más. ¿Hay algo más ahí? Claro que lo hay. La gente cambia de parecer todo el tiempo.

Aunque nunca lo admitas, sabes (en el fondo) que si le dices lo que en realidad quieres, matrimonio, un bebé y una casa, se marchará. Tal vez esta misma tarde. Así que sólo le dices qué tan perfecta es la relación porque sólo quieres salir con él y ¡tener sexo por diversión! ¡Amas tener sexo divertido! ¡Y no quieres involucrarte en una relación! ¡Lo juras! ¡Sólo amas salir con él!

En otras palabras: mientes. Y no tienes idea en cómo está afectando tu vida amorosa.

De qué se trata realmente

Hay mil maneras de mentir en una relación, pero sólo una importa: cuando tú te mientes. El autoengaño quizá sea la cosa más destructiva que puedes hacerle a tus prospectos para una relación sana y feliz. ¿Por qué? Porque es algo que convierte en realidad todo lo que hablamos en los capítulos 1-7. Es el músculo, el artífice detrás de todos los otros comportamientos que te mantienen soltera. Si no estuvieras engañándote, estarías forzada a reconocer todas las formas en que el sexo casual, ira, miedo, perfeccionismo y locura afectan tus relaciones, o la falta de ellas. Y no reconocerlas te mantiene atorada.

Mentir siempre está motivado por una cosa: conseguir lo que quieres. Si realmente examinas tu comportamiento engañoso, verás que querías algo o a alguien y no podías tenerlo, al menos sin una conciencia clara, a menos que le hayas mentido a él o a ti misma. Así que hiciste lo que pensabas que tenías que hacer y después tu psique te ayudó a borrar las huellas de tu crimen, para que nunca pudieras descubrirte. Este proceso es tan común que incluso hay una palabra especial para él: "negación".

Es crucial para tu futuro matrimonio que encares las formas en que te mientes. Una relación fuerte requiere de dos personas que sean auténticas, con ellas mismas y con los demás. Un chico auténtico "olfateará" tus mentiras y se alejará. Incluso si logras esconder una mentira con un chico que te gusta, si no percibe tu engaño, puedes estar segura de que él está haciendo algo similar. Nada de esto está bien.

Así que hablemos de algunas situaciones comunes donde podrías mentirte sobre un hombre. Como verás, hay una gran variedad... No es cierto.

- Es inadecuado. Está casado. Tiene 19 años. Tiene un problema serio con el póquer. Sea lo que sea, una mujer menos ingenua lo rechazaría de inmediato. Pero tú no. Piensas que soportarás hasta que se resuelva el problema, y probablemente tú lo harás.
- No puede pasar. Está casado. Tiene 19 años. Tiene una aguja colgando del brazo. Sea lo que sea, él no te quiere o, al menos, no tanto como para solucionar el problema sobre el cual has estado rogándole para que deje que lo resuelvas.
- No está disponible. Está casado. Tiene 19 años. Ve porno tres horas al día. Sea lo que sea, está ocupado. Déja-

lo solo. Insiste contigo, pero no le hagas caso. Piensas que sólo tiene "miedo" de acercarse porque tiene problemas y necesita tu ayuda.

Y ésta es mi mentira favorita:

- Sólo es un amigo. Lo conoces del trabajo o de tu pueblo, o quizá los dos tenían una relación. Sea lo que sea, piensas: "Bueno, al menos no ve tres horas de porno al día".

Noticia de último minuto: son amigos cuando no quieren tener sexo entre ustedes. Si quieres tener sexo con alguien, incluso si no es mucho el deseo, no son amigos. Son amigos que quieren tener sexo pero no ha sucedido (aún). Lo que significa que sólo tienen citas amistosas para tomar café y quizás trabajar en un "proyecto" amistoso hasta cuando llegue el momento en que resbales y caigas sobre su pene. Si no puedes reconocer esto, eres inmadura y no es sorprendente que no estés casada.

Si estás tratando de salir con alguno de los chicos antes mencionados, tal vez te guardas muchos de sus detalles. La mentira necesita que lo hagas. No es que no hables de él con quienquiera que escuche, tu terapeuta, estilista, tus cien mejores amigos. Sólo omites las partes impactantes de la historia. En lugar de estar casado, dices que es divorciado (a la par que vive en la misma casa y duerme en la misma cama que su esposa). En lugar de tener 19 años, es muy inmaduro (lo cual es algo normal en alguien de esa edad). En lugar de que tenga una aguja colgando del brazo, dices que es intenso (como si ser intenso fuera maravilloso). Atenúas lo malo casi al punto de que parezca bueno. Y eres tan persuasiva que incluso tú lo crees. Pero no en realidad. En lo profundo de ti sabes

LA SEGUNDA GRAN DESILUSIÓN

Si "sólo somos amigos" es la mayor desilusión, la segunda mayor es "cambiará". Nunca olvidaré lo que dijo una conocida que ha estado casada por largo tiempo (bueno, mi estilista) sobre mi desastroso tercer matrimonio. Llevaba 12 años de matrimonio y su primer consejo fue escalofriantemente simple: si él nunca cambió algo en él, ¿podrías vivir con él de la manera en la que es?

Su pregunta me puso los cabellos de punta. Porque mi respuesta fue no... o, al menos no sin ansiolíticos. Estaba lidiando con un chico que, si fuera un auto, estaba acabado. Como la ocasión en que una chica golpeó mi vagoneta Volvo 1984. No importaba que el auto fuera maravilloso; tenía dos grandes abolladuras en las dos puertas y el guardafangos delantero, cuyo costo de reparación sobrepasaba los 2 600 dólares, y era más de lo que valía el auto en sí. A lo que se refería mi estilista es que si tienes un muy decente Honda que sólo necesita el equivalente masculino a nuevas vestiduras, o incluso si tiene una abolladura nueva, bueno, pues puedes vivir con eso. Pero si tienes que reemplazar, digamos, ¿el motor? Tal vez no puedas.

No es que los chicos nunca cambien. Algunas veces sí lo hacen. Pero sólo si quieren hacerlo. Ir más profundo en una relación (por ejemplo, comprometerse o casarse), apostando a que un chico va a cambiar algo básico en su personalidad o algo importante para tu sistema de valores (o el suyo), es una locura. Tienes que asumir que el chico delante de ti permanecerá exactamente igual. Tal vez sea algo bueno para ti.

Permitir que un hombre sea como es (hasta que decida crecer o cambiar, si es que alguna vez lo hace) se llama amor incondicional. ¡Esto es lo que todos queremos! Incluso tú. Y si quieres conseguirlo, tendrás que darlo.

que hay algo que no está bien. ¿Quieres saber cómo lo sé? Porque mientes al respecto.

NOTAS SOBRE MI VIDA COMO UNA MUJER QUE IGNORÓ EL PELIGRO QUE PRESENTÍA

He vivido esta experiencia en carne propia. Mira a mi tercer esposo, por ejemplo. Sabía desde el principio que no había posibilidades de que la relación funcionara, pero hice caso omiso. ¡No quería saber! Escondí la verdad justo en el punto ciego de mi visión periférica. Pero incluso si lo hubiera admitido, no habría importado. ¡Porque quería a ese hombre! Paul era agradable y bonito, y tenía un gran empleo y un apartamento en el que no podías imaginarte sino viviendo en él. Salimos durante tres intensos días antes de que le dijera que si dormía con él me sentiría apegada a él, y ¿acaso era alguien con quien quisiera sentirme apegada? Tenía que saber si quería estar en una relación. Incluso estaba orgullosa por ser tan franca.

Funcionó, pero no de la forma que quería. Paul desapareció rápidamente. Después de estar en contacto continuo por tres días (nuestra súper intensa relación), simplemente desapareció. Quedé muy lastimada por ese hecho. De la forma en que ni siquiera está justificado porque casi no conocía al chico, pero, en cierto modo, se metió a mi mundo y lo arruinó todo. Aunque hice algo diferente: quizá, por primera vez, simplemente lo dejé ir. No llamé, no escribí, ni nos encontramos "por accidente". No lo perseguí de ninguna manera.

Esto fue como un milagro, porque mi patrón usual de citas (cuando no estaba casada) era: *1)* aferrarme a alguien o *2)* perseguir a alguien. Actué como si el amor estuviera arreglándoselas para hacer que un chico se diera cuenta de que era maravillosa. Pero a los tres años comenzaba a comprender algunos errores que había estado cometiendo con los hombres, sobre todo lo de las persecuciones. Paul había dejado en claro que, por el momento, no estaba interesado, y con él practiqué el dejar ir. ¡Bien por mí! Sentía que realmente estaba madurando, y en varios aspectos sí lo hacía.

Así que, para mi deleite, cinco semanas después, mi nueva técnica funcionó mejor de lo que esperaba: ¡Paul me llamó! Dijo que había estado pensando en mí y me preguntó si lo intentábamos de nuevo. Naturalmente, estaba emocionada.

Pero debajo de mi emoción, tenía una sensación muy leve pero persistente, y así la sentía en la boca del estómago: esto es un problema serio. Esta relación no funcionará. Este chico no sabe lo que hace y me va a arrastrar junto con él. Aun así, en ocasiones el aprendizaje consiste en avanzar dos pasos y retroceder uno. Como no estaba dispuesta a dejarlo ir de nuevo, seguí adelante en contra de mi intuición, mi verdad interna.

Técnicamente, escuché el sentimiento; sólo que no hice nada al respecto.

Sólo lo dejé ahí mientras salíamos, cuando nos mudamos y nos casamos, todo en 10 meses. Y nueve meses después, lo atrapé engañándome. Argh.

Hay mucho más en esta historia, obviamente, pero asumo la responsabilidad en lo que sucedió, porque sabía la verdad pero no le presté atención. Paul no tenía muchas cualidades, pero si hubiera podido ser honesta conmigo, su falta de cualidades del chico no habría tenido tal efecto sobre mí. Yo fui la que dejó entrar sus vilezas en el momento en que me mentí.

Asumir la responsabilidad de esto significa que ¡no tengo que hacerlo de nuevo! Porque, en mi experiencia, lo realmente malo no sucede por sí mismo. Sucede con varias señales de alerta.

Señales de alerta que decían que estaba mintiéndome.

Por qué Claire no se ha casado

Una chica con la que solía hacer ejercicio tiene otra versión. A los 38 años, Claire había estado saliendo con Jason por algunos meses, cuando "decidieron" que lo "lógico" era mudarse juntos. Lo que sucedió es que mudarse no era la idea de Jason, quien no tenía intenciones de casarse. Aunque ninguno de los dos lo dijo, todo fue el proyecto de Claire.

De manera poco sorprendente, un año después de que se mudaron a un apartamento mejor y más grande, el que representaba el compromiso de vivir juntos, Jason se fue. Él simplemente no estaba listo para ese tipo de compromiso, le llevó un año admitirlo. Pero Jason, un productor discográfico, no sólo se fue, sino que decidió tener un romance con una joven cantautora mientras lo hacía. Ese camino sin regreso aseguraría que Claire no tuviera otra opción más que resignarse a que Jason no quería casarse con ella.

Más de un año después, Claire sigue furiosa con él. Siente que Jason la engañó y, a pesar de que él tiene más de la mitad de responsabilidad por lo que sucedió, únicamente fue capaz de hacerlo porque Claire estaba engañándose. Si viera con más detenimiento, Claire observaría que si deseaba dar ese gran paso con Jason fue precisamente porque sabía que Jason no era serio y ella quería adelantar las cosas.

Esperaba que el nuevo comienzo trajera el compromiso, en lugar de ser el resultado de éste. Se le voltearon las cosas.

Y mientras no pueda admitir que siempre supo que Jason no quería comprometerse, Claire puede seguir haciéndose la víctima y culpando a Jason por ser el chico malo. En realidad, Jason sólo fue la parte que dejó en claro lo que ambos ya sabían. No manejó bien las circunstancias al tener un desliz. Pero el desliz no cambia el problema subyacente de Claire: que Jason no la eligió como esposa y que se permitió negarlo a sí misma.

Una vez más, tenemos que regresar al principio sobre el que hablamos en el capítulo 2: siempre encontramos a nuestra pareja allá afuera. Claire y Jason se mentían; Jason engañaba a Claire y Claire se engañaba a sí misma. La verdad estaba justo ahí, pero Claire no estaba dispuesta a escucharla. Y no estar dispuesta a escuchar la verdad es sólo un lado de no estar dispuesta a decirla.

NO HAY SEGUNDA CITA

Tuve una relación con un chico que una vez fue a mi casa a ver una película en la VCR (hace mucho tiempo) y, en esencia, nunca se fue. Nunca tuvimos una segunda cita ¡porque la primera nunca terminó! Después de un par de meses, nos dimos cuenta de que vivíamos juntos. Sí, él compartía un apartamento con un compañero, pero no lo usaba. Después de un año, por fin lo hicimos oficial y nos mudamos juntos, al llenar una forma para cambio de dirección en la oficina de correos. No te sorprenderás si te cuento que la relación no terminó bien. Ya había terminado cuando, al menos en mi mente, estaba comprometida con él, pero seguíamos saliendo. Porque, con respecto a él, yo no era la elegida. ¡Sorpresa! Nunca lo dijo abiertamente, pero con el tiempo se volvió obvio. Claro, estaba muy enojada.

Aunque, eventualmente, tuve que ver lo que había sucedido. Y no había ningún misterio. Después de todo, ni siquiera tuvimos una segunda cita. Así pasó. Al "mudarnos" juntos en nuestra primera cita, nunca tuve que pensar en la incertidumbre de la relación. Seguía en pie y nosotros en ella.

Siempre he tenido problemas con las primeras etapas de una relación, porque ahí es cuando siento más ansiedad sobre si la relación durará o no. Siempre estoy impaciente por saltar a la segunda o tercera etapa, donde sabes que estarán juntos para siempre. Esto contribuye en gran medida al por qué siempre quiero casarme. Pensaba (puerilmente) que si nos declarábamos nuestro compromiso de por vida, así sería.

Mudarnos juntos el primer día era mi plan maestro. Sin embargo, a pesar de que podría haber estado intentando terminar con la incertidumbre, lo que hice en realidad fue retrasarla tres años, cuando las cosas se pusieron color de hormiga y mi novio y yo encaramos una situación que, para salir adelante juntos, requeriría nuestro genuino compromiso. Tiempo después me di cuenta de que no lo tenía.

Darme cuenta de eso fue una lección dolorosa, pero una vez que hube visto lo que sucedió exactamente, nunca me sucedería de nuevo.

Por desgracia, la furia de Claire contra Jason deja entrever que ella no ha aprendido su lección aún, es decir, que se mentía. Y hasta que lo haga, no está lista para el matrimonio.

Algunas verdades relevantes sobre los hombres

Hablemos un poco sobre cómo funcionan los hombres. En mi experiencia, la mayoría de los chicos no te mentirán. Al menos, no de forma directa. Podrían rodear algunos temas, pero no dirán "sí" cuando quieran decir que "no", en el momento en que les preguntes a quemarropa si están interesados en casarse contigo.

Lo que te dejarán hacer es mentirte. Digamos que eres muy convincente cuando les dices que podrías estar interesada en una relación de amigos con beneficios. Un chico podría engañarse al hacerse creer que sabes de qué estás hablando, incluso si la amistad con beneficios no ha funcionado con las últimas tres mujeres con las que ha tratado. (Al menos no después del primer mes.) Pero, con el tiempo, este tipo de relación se vuelve muy pesada (o dolorosa) para la mayoría de los chicos y aprenden a detectar si una mujer realmente puede ser amiga con beneficios, o si, en secreto, trata de convertirse de una trabajadora de medio tiempo a una de tiempo completo si hace bien su trabajo.

También existe un tipo más pernicioso de mentira que algunas veces dicen los hombres, como las que decía Jason cuando hacía creer que estaba comprometido cuando en realidad no lo estaba. Se mudan contigo, hablan del futuro, incluso podrían pagar la mitad de los muebles más costosos; sin embargo, en sus corazones sólo quieren salir contigo. Tengo un amigo que llama a esto "citas profundas". Es cuando un chico se toma su tiempo para probarte a ti y la vida contigo. Cuando trataba de explicármelo, mi amigo lo esquematizó de la siguiente manera:

1
10
100
1 000
10 000

Cada uno de estos números representa un punto en la relación; cuántas veces han tenido sexo. (¿Qué puedo decir? Algunas veces los chicos piensan así.) En cada punto, el hombre tiene una idea diferente sobre lo que es la relación y lo que podría ser. En los puntos 1, 10 y 100, todavía no tiene suficiente información (al menos en su mente) sobre ti para hacer un compromiso de por vida. Incluso, si ya has dejado que se mude a tu departamento. (Como dije, quizá no deberías haberlo hecho.)

Pero vivimos en una sociedad de monogamia compulsiva; lo cual significa que si eres una mujer como yo, no tendrás sexo en más de 100 ocasiones con un chico que no esté en una relación "seria" contigo. Esta situación deja al hombre en una posición difícil: o sobrelleva tu programa de monogamia mientras se decide sobre una relación a largo plazo o te dirá la verdad (que aún está pensándolo, 10 meses después) y te verá apostar por un chico al que le guste la idea.

Según mi amigo (biólogo, por cierto), esto lleva a hombres y mujeres a una especie de carrera armamentista entre las citas y el matrimonio; ya que el hombre detiene tu misil-balístico-intercontinental-anti-sexo-con-él-más-de-cien-veces-si-no-están-en-una-relación-seria con su propio escudo de la *Guerra de las galaxias:* citas profundas.

Te comparto esta idea no porque me guste, sino porque creo que sucede muy a menudo. Es la razón por la que una treintañera algunas veces termina con un chico con el que ha vivido (tal vez por años) porque pensó que iba a casarse con él, pero resultó que sólo estaba saliendo con ella. Tenía una cita profunda con ella.

Sólo existen dos cosas para defenderte contra esto. Uno, no te mudes con un chico sin estar casada con él, a menos que no te importe casarte con él. Como siempre digo: un hombre rara vez cambia cuando te lo coges y le preparas la cena.

Y, dos, vas a tener que ser honesta. Contigo y con los hombres.

CÓMO TENDRÁS QUE CAMBIAR

Ser honesta es más fácil decirlo que hacerlo. Primero tendrás que detectar cuándo estás mintiendo. Hay algo en la mente humana que tiene mucho talento para no darse cuenta de lo que no quiere darse cuenta. Nuestros cerebros han evolucionado por millones de años para asegurarse de que lo único que te interese sea cosechar un esperma particularmente fuerte. Y si tienes que mentirte para conseguirlo, está bien. A la naturaleza le importa un comino.

Pero la vida moderna es más complicada que eso. Porque vivimos más, los matrimonios duran más que los de nuestros ancestros neandertales, y, para tener un feliz matrimonio, tenemos que escoger sabiamente. Tener un matrimonio exitoso ahora significa más que tener bebés y cazar leones. Es saber quiénes somos, con quién nos emparentamos y estar seguros (en la medida de tus posibilidades, nadie tiene una bola de cristal) de que es el correcto.

Siempre puedo distinguir cuando una mujer se miente sobre una relación. Mientras charla, hará declaraciones que racionalizan, minimizan, justifican y niegan lo que un chico dice o hace, o no dice ni hace. Me cuenta que él no bebe mucho, o que sólo lo ve porque su matrimonio terminó hace años, o que está segura de que la ama aunque nada en su comportamiento lo demuestre. Cuando te escuches inventando historias como éstas, saca una tarjeta roja. Porque puedes estar muy segura de que sin algún tipo de intervención, la relación será problemática, y quien tendrá que lidiar con las consecuencias serás tú.

Otra señal que debes tomar en cuenta y ser honesta es: cuando tengas charlas completamente diferentes con tus amigas que con tu novio. Si dices cosas sobre tu novio, las cuales nunca se las dirías a la cara, ya sean dudas o críticas serias, pon atención. Aunque tal vez sea una buena idea no lastimar al otro de manera innecesaria, es cierto que si hablas de problemas serios en tu relación, y no se los cuentas a él, estás mintiendo.

En el peor de los casos, las mentiras ocultan información que se necesita para tomar mejores decisiones entre los dos. Un claro ejemplo: no te digo que tengo herpes. Un ejemplo menos claro: no te digo que lo que realmente quiero es un chico que sea luterano. Y el ejemplo más claro de todos: estoy buscando una relación a largo plazo y no me importa si tú no la estás buscando; voy a salir contigo de cualquier manera. Existe un nivel de integridad mínima requerida en todo matrimonio, y si estás haciendo cualquiera de estos ejemplos, tú no la tienes.

Otra forma en que nos mentimos (una que daña seriamente nuestros prospectos para matrimonio) es seguir con un chico que sabemos que no quiere, no puede o no se casará.

Una ocasión pasé años saliendo con un hombre que, siendo honesta, sabía que no era el indicado (o en mi caso, el cuarto). A decir verdad, sabía que no era para mí, pero no estaba lista para dejarlo ir todavía.

Esto sucede muy a menudo. No es de extrañar que no querer dejar ir es la razón número uno por la que la gente se aferra al otro. (Claro que sí.) Una vez más, todo se reduce al miedo; de que nunca encuentres a alguien más, o de que cuando veas atrás te arrepientas de haber dejado lo que tenías. Incluso si no estás segura de querer a un hombre en particular, tampoco quieres perder esa opción. Esto también es confuso, porque algunas veces no estás segura sobre si debes sentar cabeza (o sólo establecerte) con el chico enfrente de ti o esperar por alguien más. Ésta puede ser una pregunta muy difícil de responder, a decir verdad. Pero si eres honesta contigo, puedes estar segura de que lo sabrás cuando llegue el momento.

La otra cuestión que podrías estar esperando es que él se dé cuenta de que tú eres la indicada. Siento decirte malas noticias: nunca se dará cuenta de ello, porque ya sabe que no eres. Tú lo sabes también, o no te habrías mentido al respecto.

Paso mucho tiempo hablando con hombres sobre lo que los empuja de las citas al compromiso. La gran mayoría dice que sabe casi de inmediato si está dispuesto a tener una relación a largo plazo con una mujer o no. Si están dispuestos, ellos comienzan a ir tras la relación. Si no, hacen poco al respecto, tal vez un mensaje o una llamada poco animada con la esperanza de tener sexo, o no hacen nada.

A estas alturas podrías estar preguntándote lo que debes hacer cuando te mientes sobre un chico. Sólo hay una cosa por hacer: aléjate. No va a ser fácil. No hay nada más difícil en el mundo de las citas, nada, que alejarte de un chico que realmente te gusta. En especial si has tenido una o dos o cinco agradables citas con él. Multiplícalo por tres si has tenido múltiples orgasmos. Varias chicas jugarían una buena partida de Twister (pie derecho rojo, pie izquierdo verde, mano izquierda amarillo) para encontrar la forma de seguir pasando buenos momentos con él. Debe haber una manera de controlar la parte de la relación ¡que es incontrolable! ¿Tal vez si sólo lo vieras los fines de semana o una vez al mes...? Es difícil dejar ir.

Pero debes hacerlo si quieres seguir adelante. Una parte de ti deseará que sólo sea temporal, y algunas ocasiones así resulta. Suelo observar más esto cuando un chico no quiere comprometerse, cambiar o desarrollarse de manera importante, pero sabe que realmente te ama. La clave aquí es que él sabe que te ama, no que tú sabes que te ama. Si esto te sucede, déjalo. Pero déjalo ir por completo, no lo llames, no le envíes mensajes, correos y, dios te libre, no le hagas una llamada incitante. Si su amor por ti va a despertar, lo hará en un mes o dos.

Si pasa de ahí, te darás cuenta de que no regresará. Entonces puedes estallar en llanto, mantenerte muy ocupada por un tiempo y tal vez salir en un fin de semana de amigas a Santa Bárbara. No será divertido. Las buenas nuevas son que, gracias a que no has llamado, mandado mensajes, correos o, dios te libre, hecho llamadas incitantes, para ese entonces ya estarás superándolo.

Lo que no puedes hacer es mentirle al universo. Si pretendes que ya lo superaste, pero todavía le guardas un lugar, no podrás seguir adelante. Así que asegúrate de practicar autohonestidad, porque estás comprometida contigo y lo vales.

Consejos espirituales que te ayudarán a cambiar

La clave es conocerte a ti misma. Salir del autoengaño tiene que ver con un proceso de comprender quién eres y lo que necesitas, en un hombre y en la vida. Si sabes quién eres, corres menos riesgo (eres menos capaz) de engañarte haciendo algo que está mal o es malo para ti. Sólo tienes que despertarte. Y para hacerlo tienes que excavar.

El proceso de descubrir más sobre tu verdad es como una excavación arqueológica. Empiezas mirando sobre las áreas donde no tienes conciencia. Una manera de saber dónde tienes asuntos enterrados es observar lo que la gente dice de ti que, como lo mencioné con anterioridad, te parece ridículo y molesto. Como las cosas en este libro. Sea lo que sea que haga latir más rápido tu corazón, o sobre lo que quieras escribirme un correo apasionado, defensivo o furioso sobre cuán mal estoy, ésos son los vestigios que sobresalen del suelo. Empieza a cavar.

Después, revisa el tipo de cosas en tus relaciones que detonan explosiones emocionales que parecen más grandes de lo que deberían ser. ¿Sucede cuando piensas que te mienten? ¿Cuando alguien es condescendiente? ¿Cuando alguien es absorbente? Hay un dicho: "Si soy histérica, es histórico". Necesitarás hacer consciente algo de esto si quieres dejar de mentirte, ya que mentir es la manera en la que tu mente mantiene enterrados recuerdos o verdades dolorosos.

Tienes que estar preparada para involucrarte en este proceso por un largo tiempo, tal vez por el resto de tu vida. Porque cuando empieces a remover conscientemente las impurezas de los vestigios, pronto te darás cuenta de que hay ¡toda una maldita ciudad ahí abajo! (Sí, a eso se le llama ser humano.) Cavar con cuidado en tu zona arqueológica es el trabajo de una vida. Y, en realidad, ¿tienes algo más importante que hacer que eso? ¿Ir al cine? La verdad te liberará.

Pero tienes que desearlo. Ésta es la pieza final del rompecabezas. Es esencial que comiences a racionalizar sobre lo que el miedo te esconde. No es difícil entender por qué tu subconsciente esconde las cosas dolorosas; la verdad duele. Aun así, tan dolorosa como pueda ser, la verdad sólo duele por un minuto en términos de la vida. Mentirte duele para siempre, porque te mantiene atascada en situaciones que no están funcionando.

Entonces, ¿cómo empiezas? Aquí hay una manera. Mientras haces algo sin pensar, ya sea manejar, lavar los trastes, tejer o caminar, trata de hacerte esta pregunta: "¿Qué es lo que no veo?"

Después, olvídate de la pregunta. Regresa a tu actividad. Conforme sigas haciendo el jardín, doblando la ropa o lavando el auto, podrás darte cuenta de que una especie de respuesta está emergiendo. Algunas veces llega en forma de una imagen, frase o palabra. No te preocupes si al principio no la reconoces. Si te haces esta pregunta con regularidad: "¿Qué necesito entender para avanzar en mi vida?", estoy segura de que contactarás con una parte de tu mente que es el contenedor de lo que sabes, pero que crees no estar lista para saber. Esa parte sólo espera que quieras saber más. Sin embargo, ya que todos tenemos libre albedrío (o parece que lo tenemos), necesitamos preguntar. Parece extraño, pero funciona.

Una vez que lo domines, puedes llevar este ejercicio al próximo nivel. Antes de dormir, trata de pedirte tener un sueño que conteste la pregunta que has estado haciéndote: "¿John Doe es el indicado para mí?" "¿Niego algo de John Doe?" Repítelo hasta que empieces a tener resultados. No te llevará mucho tiempo. La mente tiene una forma de revelar las cosas que necesitas saber cuando estás dispuesta a hacerlo.

Otra buena forma de dialogar con tu inconsciente es cuando tienes una vaga sensación de inquietud o malestar, pero no sabes de qué se trata. Recuéstate media hora en tu cama, cúbrete con las cobijas y pregúntale a tu mente qué trata de decirte. Pregúntate: "¿Qué sucede?" "¿Qué está pasando?" Mantente quieta y mira lo que emerge. Pon atención a los pensamientos que lleguen a tu mente. Podría ser como leer un sueño, pero si lo haces con regularidad, te sorprenderá cuánta información tendrás sobre tus relaciones y vida.

Lo que tu ex mejor amiga quiso decirte pero nunca lo hizo

Repasemos el capítulo 8:

- Eres mentirosa. No eres honesta con los hombres y, más importante aún, contigo misma, y eso te impide ver las consecuencias de tu comportamiento.
- Sé auténtica. Decirle a un chico que estás dispuesta a ser su amiga con beneficios, cuando en realidad quieres una relación, se llama mentir. Además, es poco digno; en las relaciones, es el equivalente a ofrecer tus servicios en una compañía que no los requería.
- Obsérvate. Si te atrapas racionalizando, minimizando o justificando a un chico o su comportamiento, puedes estar segura de que algo sucede. Ahí empieza el autoengaño. No significa que tengas que dejar al chico. Pero sí que debes despertar.
- Excava. Es la mejor manera de evitar el autoengaño. Toma parte activa en dialogar con la zona de tu mente que siempre sabe la verdad. Tienes que estar dispuesta a conocer lo que hay por debajo del nivel consciente.

9. ERES UN CHICO
O CÓMO ACCEDER A TU FEMINIDAD Y DESCUBRIR QUE ERES UNA JOYA

1. ¿Alguna vez has sentido que, de no ser por el sexo, no necesitarías a un hombre?
2. Cuando conoces a un chico que te gusta, ¿sueles perseguirlo o tratas de facilitar las cosas para que salga contigo?
3. ¿Algunas veces pasas al sexo como una manera de sentir que tienes más control en una nueva relación?

¿Podemos hablar de Beyoncé por un momento? No sobre el hecho de que es fabulosa, con talento, poder y es rica. (¡Tan rica!) Ni tampoco sobre que se haya casado con un chico famoso y tenido un bebé. (Jay-Z y una bebita llamada Blue Ivy, en caso de que no lo hayas leído en *Us Weekly*.) O sobre lo que ha estado haciendo al punto que no me sorprendería si ella y su mamá descubrieran una forma de hacer que el cabello salga rubio, además de todo lo que han hecho con su línea de ropa. Todo eso es interesante, pero no es la razón por la que dedico un párrafo a una estrella pop en mi libro de autoayuda, de-hermana-mayor, espiritual y sin sentido sobre por qué no estás casada. La razón por la que lo hago es porque Beyoncé es como una versión bailarina de Christiane Amanpour; una corresponsal que reportea desde las líneas del frente de hombres y mujeres.

Sus más grandes éxitos (*Independent Women, Run the World [Girls]* y, por supuesto, *Single Ladies [Put a Ring on It]*) hablan de algo tan básico, difícil de alcanzar y remediable que sucede con las mujeres estadounidenses, que quiero dedicarle un capítulo entero.

Es algo sobre lo que (si nada de lo demás encaja y empiezas a sospechar que hay algo intangible sobre ti que mantiene alejado al amor, pero no sabes lo que es) puedo estar casi segura y que, en cierta medida, forma parte de la causa subyacente. Y ese algo es: actúas como un chico.

Escucha detenidamente esas canciones de Beyoncé; las mujeres sobre las que hablan son muy autosuficientes. Ganan dinero, compran sus propias cosas, tienen sexo con hombres y, cuando acaban, los mandan a sus casas. Esto no es malo, y no es que tengamos que regresar al tiempo en que las mujeres dependían de los hombres para todo, pero ¿a quién le sorprende que el tipo en la canción de *Single Ladies* no le diera el anillo? Una mejor pregunta podría ser: ¿por qué debería hacerlo? ¡No lo necesitas para nada! Todo mundo sabe que a los hombres les gusta hacer tonterías, no sólo estar contigo y ver cómo tú las haces.

De hecho, todo este teatro de actuar como un chico me lleva a uno de los más grandes secretos en el mundo de las parejas, y a una de las razones por las que puedo decir que estás más cerca de lo que crees de encontrar a tu pareja dispareja. No tienes que aparecer en la lista Billboard para encontrar un gran marido. Puedes ser la típica chica de Cincinnati, pero si tienes esto, a lo que voy a dedicar todo un capítulo, descubrirás que los hombres se sentirán atraídos hacia ti de una forma en la que jamás se han sentido atraídos.

Y la buena noticia es que ya lo tienes. Todas las mujeres lo tienen. Naciste con eso. Únicamente tienes que dejar que... suceda.

De qué se trata realmente

Hablo de tu feminidad interna. Algunos la llaman "energía femenina", "el principio femenino", lo "sagrado femenino" o, incluso, algo ridículo como "el ser salvaje femenino", pero quiere decir básicamente lo mismo; está enraizado en el aspecto femenino de la vida. Es tan importante que, de ahora en adelante, lo escribiré con mayúscula: Femenino.

Entonces, ¿qué es lo Femenino? Bueno, no tiene que ver (necesariamente) con encajes, tacones o arcoíris y unicornios. Lo Femenino es cuando me refiero a algo que tienen tanto hombres como mujeres, de igual manera que ambos tienen algo masculino. Y así como la tierra tiene un polo norte y uno sur, los opuestos se atraen.

Los chinos inventaron un símbolo para ilustrar la polaridad Femenina/Masculina: el *yin-yang*. Lo has visto antes, tal vez en la librería junto a los cristales, o como un tatuaje en una chica que huele a pachuli. Así se ve:

Yin = Femenino. *Yang* = Masculino. En la filosofía oriental, estas dos cosas (uso esta palabra ampliamente) no están separadas ni son opuestas, son parte de un todo; nadan juntas, se persiguen, son inseparables. Son energías que parecen opuestas pero en realidad están conectadas, como los dos lados de un subibaja. Las relaciones cercanas siempre tienen una interacción entre estas dos fuerzas, la Masculina y la Femenina.

Las dos partes en una relación no pueden tener el mismo papel al mismo tiempo, al igual que, en un baile de salón, los dos no pueden ser el que baile para atrás; o los dos no pueden conducir el auto al mismo tiempo. Y no se trata de la orientación sexual. Es igual en parejas del mismo sexo (donde uno es el macho y el otro la dama) que en parejas heterosexuales.

Quizá sepas por intuición lo que son estas energías, pero quiero hablarte un poco más sobre cómo funcionan. Lo Masculino conquista. Piensa las cosas (en lugar de sentirlas), debate, construye puentes y rascacielos, anota, gana dinero, va a la Luna y juega para ganar. Es poderoso. Quiere estar vacío: en una cueva de hombre o viendo el juego o sentado con otros, y no hablar realmente sobre algo. Sobre todo, quiere ser libre.

Lo Femenino es la razón por la que lees este libro. Lo Femenino trata sobre relaciones, conexión, el impulso de amar y nutrir. Lo Femenino quiere crear un hogar, cuidar un jardín, criar una familia, colgar cortinas y sondear a los de su alrededor. Quiere estar en comunidad, en especial con otras mujeres, construir una sociedad estableciendo límites para lo Masculino, lo cual, sin la presencia de lo Femenino, puede tender a ver a las personas y las cosas (como el planeta) como recursos explotables en lugar de recursos que deben cuidarse. Lo Femenino es delicado, salvaje, impredecible y hermoso, como la naturaleza. Sobre todas las cosas, lo Femenino quiere amor. En lo que concierne a las relaciones, estas dos energías se atraen. Y desatan el poder del otro.

Esto es lo que sucede: si eres una típica chica estadounidense que trabaja todos los días y se enfoca en realizar tareas y terminarlas de una manera lineal y ordenada, pasas la mayoría del tiempo en tu lado Masculino.

Y si pasas la mayoría del tiempo en tu Masculino, sin hacer algo para construir tu Femenino, podría ser que a tus 30 años tengas mucho que ofrecer a un hombre, pero, quizá, con menos habilidad para atraerlo. Y no es porque estés envejeciendo. Es porque has sobredesarrollado tu lado Masculino.

Esto se observa en varias profesionistas. (Lo digo como una de ellas.) Las mismas cualidades que se requieren para desarrollar una carrera profesional, son las mismas que desquiciarán tu vida amorosa. No quiere decir que las mujeres deban renunciar a su trabajo y unirse a un club de bordado. Es muy simplista. Lo que quiere decir es que tu lado Femenino es un don, y es el don por el que tú (la mujer en la relación) te has comprometido a llevar (como el platillo que llevas a una cena cuando te invitan), quizá sin que incluso lo sepas. Un hombre podría llevarlo; es sólo que, por lo general, no lo hará. No es que no quiera hacerlo.

A mi parecer, tratar de llevar una relación desde tu lado Masculino es como pedir a un diestro que escriba con la mano izquierda: puedes hacerlo, pero no fluye con naturalidad. Lo Masculino no es el centro de tu poder como una mujer.

Entonces, ¿cómo encuentras tu lado Femenino? Bueno, en principio, practicar el principio Femenino en una relación parecerá un "día de lo opuesto". Tendrás que dejar de hacer lo que haces con tanta naturalidad que ni siquiera sabes que lo haces. Y después tendrás que hacer cosas que te molestarán al principio. Aquí hay algunos ejemplos de lo que querrás hacer:

1. Tienes que estar dispuesta a necesitarlo. Antes, en tono de broma, dije que a los hombres les gusta hacer cosas, y eso es verdad. Pero tal deseo viene en realidad de una necesidad más profunda: serte útil. Y si no puedes necesitar a un hombre, no puede serte útil. Cuando digo necesidad, no quiero decir que seas demandante. Quiero decir que dejes que te sea útil. Dejes que te importe. Le permitas ocupar un lugar profundo en tu corazón y tu cuerpo, hasta el punto de que, si se marchara, te lastimaría. Si no puede lastimarte, aún estás muy acorazada.

2. Deja de discutir. Si eres como yo, esto es muy difícil. Si hablas con un hombre y quieres tener la razón, estás en tu energía Masculina. Está bien si te encuentras en el trabajo, pero quiero pensar que no estás tratando de tener sexo con alguien del trabajo. Con tu hombre, tienes un objetivo diferente: amar. Y, de manera simple, discutir no crea amor. Discutir, por definición, se enfoca en las diferencias. Algunas veces, una buena discusión puede estimular la relación, pero únicamente mientras puedas conservar el amor por encima de la discusión o necesites estar en lo correcto.

3. Ábrete. Otro requisito para una relación amorosa es estar abierta. Ser abierta es un reto. Nuestras vidas están muy ocupadas y estresadas, y hay un millón de cosas cada día que pueden hacer que quieras cerrarte: viajar para ir al trabajo, impuestos, el idiota en el departamento de ventas, por citar algunos. Si quieres atraer más amor a tu vida, intenta ser abierta. Sólo imagina que tu corazón emite una luz rosa brillante. Enciende la luz y guíate con ella. Sólo proyéctala por todas partes como si fueras una maravillosa luz de discoteca. Sé que suena cursi, pero te sorprenderás al ver lo rápido que hay respuestas. Los hombres te llegarán en manada. Y también mujeres y niños.

Si pudiera resumir todo el rollo del principio Femenino en una sola palabra, ésta sería "suavizarse". Ya no necesitas protegerte ni defenderte. Ya sé que esto es muy radical. La mayoría de la gente camina creyendo que debe protegerse de lo que pueda lastimarla. Pero si habitas en tu lado Femenino, dejarás de hacerlo.

Ahora puedes correr el riesgo por un par de razones. En primer lugar, si te quieres mucho y sólo te involucras en relaciones sexuales profundas con hombres que sepas que están comprometidos contigo, no necesitarás protegerte de la misma manera en la que has estado haciéndolo. Sabes que tu hombre te ama y te cuida la espalda, porque han establecido eso antes de involucrarse tanto. No quiere decir que nunca te lastimará, lo hará, pero no lo hará con un desprecio insensible, porque no tiene una relación casual contigo.

Más importante aún es que, cuando estés cultivando tu lado Femenino de manera consciente, también practiques tu conexión con lo intangible e invisible: la fuente. Hablaremos más de la fuente en el capítulo 10, pero lo que aquí significa es que, en realidad, nunca podrás ser lastimada. Nadie puede. Porque hay un lugar dentro de cada persona, dentro de ti, que siempre es seguro, sin importar qué suceda. No porque esté aislado del mundo sino porque está más allá de él, un lugar de amor infinito del que, cuando estás en lo profundo de tu Femenino, eres consciente. Sobre esta base es donde te cimientas, y por esta razón puedes ser una presencia amorosa en las vidas de tu hombre, hijos y todos a tu alrededor, incluso cuando el inodoro está tapado y no hay nada en el refrigerador para cenar. Porque estás conectada con algo más grande.

Podrías pensar que todo lo que digo es muy bonito allá afuera, pero el lugar del que estoy hablándote ya está en ti. Dentro de ti. Sólo que nuestros obsequios únicos (nuestra intuición, nuestro mundo, nuestras habilidades para relacionarnos y las habilidades para atraer lo que necesitamos, ver lo intangible y ser una fuente de vida) no son valorados por el mundo de la misma manera en que son valorados la ciencia espacial, el sistema bancario, los logros laborales o, en general, la manera masculina de plantarse en este mundo.

En la era tecnológica muchas mujeres hemos abandonado los aspectos femeninos de nuestro ser. No a propósito. Más bien hemos olvidado lo que son, cómo funcionan en las relaciones y por qué los necesitamos; en parte porque no hay nadie por encima que nos transmita la sabiduría colectiva. Por esa razón tuve que comprar un libro para saber cómo alimentar a mi bebé.

Ahora es el tiempo de regresar porque, sin él, nuestras relaciones carecen de un ingrediente esencial para alcanzar el éxito. Lo bueno es que conforme desarrolles este ingrediente en ti y lo lleves a tus relaciones con los hombres, también lo estarás transmitiendo al mundo. Un hombre que encuentre, viva o ame a una mujer que sea muy consciente y muy centrada en su lado Femenino es, por decirlo de manera simple, un hombre mejor, más consciente y centrado.

Por qué Valerie no está casada

Mi amiga Valerie no es consciente de que está muy centrada en su lado Masculino, lo cual le causa problemas en sus citas. No se debe a que tiene un gran trabajo en el departamento de ventas en una estación de radio y gane mucho dinero. Y no se debe a que ame los deportes, vista pantalones, escale montañas y tenga el cabello corto, o cualquier otra cosa que caiga dentro del estereotipo de lo que conforma la masculinidad. Esas cosas podrían parecer cosas de hombres, pero no necesariamente tendrían que afectar las relaciones de Valerie con los hombres.

La razón por la que digo que Valerie está en su lado Masculino es porque no deja que un hombre se le acerque. No se ve a sí misma como una fuerza de atracción sino como una fuerza para hacer las cosas. Identificar lo que quiere e ir tras ello. Además, ella transmite eso en sus citas. Cuando Valerie asiste a una fiesta, revisa el lugar e identifica a un chico que le interese. Cuando localiza a uno, suele no dudar e ir con él y empezar a charlar. Le da su número telefónico y, cuando no la llama, ella lo hace o envía mensajes de texto o correos. Algunas veces los chicos salen con ella y algunas veces tienen sexo con ella. A estas citas las considera un éxito.

¡Yo no! Este tipo de relación podría estar bien para una chica interesada en divertirse y tener buen sexo por algún tiempo, pero no es la forma en que se consigue una relación de por vida. Valerie necesitará cultivar su lado Femenino. Como mi agente de TV suele decir, tendrá que dejar que el juego llegue a ella. Pero Valerie insiste en que está bien que las chicas llamen a los chicos, dice que los papeles de género son estúpidos y ella no quiere "interpretar papeles". A su parecer, las mujeres pelearon por el derecho de ser iguales y eso significa que deben actuar como hombres en cada aspecto de la vida. Lo que Valerie parece no advertir es que en más de una década de salir con chicos "como iguales", se encuentra en una relación a largo plazo con esos hombres, o sea, ninguna. (Sé que hay excepciones pero, como lo dije, si estás leyendo este libro, tal vez no seas una de ellas.)

Para una gran mayoría de hombres, lo que hace Valerie, cómo se comporta, no es atractivo. Y por atractivo no hablo de si Valerie tiene un lindo rostro o figura (sí los tiene). Quiero decir que, si hay millones de partículas vibrando allá afuera, ¿cuáles, si hay alguna, se pegará a Valerie?

Aquí hay otra metáfora. Una relación es como las baterías en, digamos, un vibrador. Tienen un lado positivo (Masculino) y uno negativo (Femenino). Para que funcione, los polos opuestos tienen que entrar en contacto. Dos positivos, y nada pasa. Dos negativos, y nada pasa. Los polos opuestos tienen que estar alineados con sus opuestos si quieres que funcione. Y no puede excitarte si no está encendido. Como ves, Valerie está llevando sus relaciones a la muerte.

NOTAS DE MI VIDA COMO ESPOSA, PROSPECTO NO TAN EXITOSO Y MADRE

Cuando comencé a ser una esposa, me encontraba en mi lado Femenino sin dificultades. ¿Por qué? Porque sólo tenía 19 años. Todavía me mecía como el océano (el agua es un símbolo poderoso del *yin*), preguntándome qué iba a hacer con mi vida. No es de sorprender que atrajera al tipo de macho que fue mi primer esposo. Justo se había integrado a la lista de empresas de *Fortune 500* y estaba subiendo peldaños (la jerarquía es un tema de chicos) tan rápido como podía. No tenía ninguna duda de que podía cuidar de mí, y eso lo hacía poderoso como hombre. Sí, una definición simple para el hombre, pero en el fondo es una definición con la que muchas personas se identifican. En particular los hombres.

Diez años después, había ganado más poder en el mundo. Me había divorciado de mi primer esposo a los 22, obtenido un título universitario, viajado por todo el país, ganado un poco de dinero y hecho un poco de carrera en las noticias por TV. Me iba muy bien, excepto por algo: después de involucrarme en relaciones casi sin parar desde que tenía 15 años, de pronto me costaba trabajo atraer a alguien; justo cuando estaba lista para asentarme y tener un bebé. No tenía idea de por qué.

Todo lo que sabía es que parecía que las chicas a las que consideraba normales o malas tenían más acción que yo. Y eso me enfadaba. Quería sentirme superior a esas chicas; después de todo, ¿qué estaban logrando ellas? Pero era difícil, porque parecía que tenían más éxito con los hombres que yo.

Y aunque me costaba mucho trabajo admitirlo, el éxito con los hombres era importante para mí. Deseaba ser deseada.

Por aquellos tiempos empecé a estudiar el *I Ching* y la divina Feminidad, y comencé a observar lo que no podía ver. No es que necesitara volverme más una niña desamparada o menos desamparada (en ese sentido), lo que necesitaba era centrarme. Tenía que desarrollar mi Femenino.

Al principio odié la idea. Después de todo, me consideraba feminista, aun cuando a mediados de los noventa ya no estaba muy segura de lo que eso significaba. Pero también sabía que lo que hacía no estaba funcionando. Aun así, no estaba dispuesta a hacer algo que para mí era "ceder". Me aferré a la idea de "maldita-sea-si-lo-hago; maldita-sea-si-no-lo-hago" por algunos años.

Después tuve la gran fortuna de quedar embarazada de un muy buen chico con el que había comenzado a salir, y nueve meses después di a luz a un hermoso bebé. Y en el proceso de rendirme ante la maternidad, conocí por primera vez lo que realmente significa el poder Femenino.

La maternidad me forzó a aprender cómo dejar ir metas, planes y salirme con la mía. Me adentré en un mundo en el que no había horarios sino ciclos: alimentar, dormir, caminar y jugar. Tenía que adentrarme en otro aspecto de mí: el aspecto que intuitivamente entiende cosas, el aspecto que puede oír respirar al bebé en la otra habitación, el aspecto que puede cocinar un maravilloso plato de entremeses. Comencé a encontrar un centro creativo dentro de mí: me uní a una banda, comencé a escribir música, sembré un hermoso jardín y aprendí a mantener mi casa limpia. Todas esas cosas sobre las que no me preocupaba cuando era una chica trabajadora con lindo atuendo de hombre.

La gran sorpresa vino cuando, unos años después, estaba soltera de nuevo, pero esa vez era distinto. De pronto una gran cantidad de chicos querían salir conmigo. ¿Cómo pasó?

HAZ QUE QUIERAN SER UN HOMBRE MEJOR

El otro día mi amiga Lucía me contó algo interesante que me hizo reflexionar sobre estar plantada en lo

Femenino. Tenía una cita a ciegas con un hombre de negocios apuesto y exitoso; el tipo de chico que dice a las mujeres "tengo una maestría en poesía". ¿Gana millones y es sensible? ¡Hay que empezar a escoger vestidos!

Pero este tipo también hizo algo muy malo. Lucía y él acordaron una probable fecha para la cita, un martes (una semana después), y entonces ella no volvió a saber de él hasta la madrugada del miércoles, a las 00:30. El hombre poesía (poéticamente, por supuesto) dijo que había tenido una importante cena de negocios con sus colegas, y preguntó si podían salir por un trago la siguiente noche (técnicamente, esa misma noche).

Lucía quería saber lo que yo pensaba al respecto. Le mandé un correo electrónico.

Querida Lucía:

Antes que nada, esto está mal. Sabe muy bien que el plan era para el martes; por eso tiene una excusa y te mandó un correo esa misma noche. Entonces, ¿por qué darle vueltas al asunto? Yo sería muy honesta con él. Si por intuición sintiera que sí hay algo en este chico, aceptaría su invitación y una vez ahí sería muy clara:

Tú: Por poco no vengo a tomar un trago contigo. (Sonríe.)

Él: ¿En serio? ¿Por qué?

Tú: Porque cometiste el error de mandarme un correo a la media noche el día en que se supone íbamos a salir para preguntarme si quería salir la siguiente noche. Técnicamente, la misma noche.

Él: (Sin palabras.)

Tú: Por lo general, ni siquiera respondería, pero eres un maestro en poesía y quizá siento que hay algo aquí, así que... te doy otra oportunidad. Pero... (sonríe) sólo quiero que sepas de una buena vez que así no suelo ser. (Guiña, sonríe.)

Una de estas dos cosas sucederá: *1)* lo entenderá, y si realmente piensa que eres su mujer, se reformará y nunca lo hará de nuevo; *2)* nunca volverá a llamarte. De cualquier manera, tú ganas. No creo que *3)* siga saliendo contigo y sea un patán, pero algunos engreídos lo harían. ¡Y un hombre de negocios importante lo haría! Sólo recuerda quererte a ti más que a él.

xoxo

Tracy

Nos escribimos 16 correos en total, y le dije a Lucía que ahí era cuando el tipo iba a darse cuenta de si lo dejaría portarse mal o no. Si lo dejaba, él sabría que podría descuidar la relación. Si no lo dejaba, él tendría que mejorar su apuesta o irse a casa. Creo firmemente que los hombres realmente aman a una mujer que los obligue a subir su apuesta.

Por esa razón, Jack Nicholson ganó un Oscar cuando le dijo a Helen Hunt que ella lo hacía querer ser un mejor hombre en la película *Mejor imposible.* Porque hay algo en lo Femenino que fortalece a un hombre, lo cual todos sentimos por intuición. En cuanto a Lucía, ella dejó ir al tipo sin siquiera ir a la cita. Mujer poderosa.

ALGUNAS VERDADES RELEVANTES SOBRE LOS HOMBRES

No me había vuelto más linda, y como en ese entonces ya era mamá, también remolcaba a un ente revoltoso de tres años de edad y una florecita con algunos miles de kilómetros en el odómetro. Así que, ¿por qué de pronto los hombres me encontraban atractiva si antes parecía que no podía contraer clamidia aun si me lo proponía? ¿Qué había cambiado?

Para hacerlo breve, yo lo había hecho.

Ya no sólo era capaz de hacer refrigerios; también podía sintonizarme con otros, como, por ejemplo, un hombre. Podía soportar a alguien que no estuviera interesado en mí, alguien que (esto solía ser un gran problema) tal vez ni siquiera me estaba haciendo feliz. Como alguien que hiciera un berrinche o quisiera de cenar o usara las manos para comunicarse. Por favor, entiende lo que quiero decir. No que los hombres sean niños (aunque si lo fueran, no sería algo malo; las personas son niños, ¡por dios!). Lo que quiero decir es que ser una mujer que puede controlar sus propios sentimientos en torno a otro ser humano que de vez en cuando es poco razonable es un requerimiento fundamental para construir un matrimonio. Y, antes de desarrollar mi lado Femenino, no sabía hacerlo.

Esto me condujo a mi gran revelación sobre los hombres: ellos nos necesitan.

Ah, ya sé que la cultura popular insiste en que lo que los hombres quieren es tener sexo con una mujer diferente cada noche. Y en cierta forma, a nivel animal supongo, podría ser cierto. (Amo ser un animal tanto como ser humano, así que no creo que sea malo.) Entonces mi pregunta es: ¿por qué no lo hacen? ¿Por qué querría casarse un chico? En especial, en estos tiempos. En el siglo XXI nadie tiene que casarse.

Creo que la respuesta es que hay algo en los hombres que quiere algo más que tener sexo con una mujer distinta cada noche. Algo que necesitan. Y ésa es una gran fuente de la energía Femenina en su vida, la cual los ayuda a estabilizarse emocional y espiritualmente y los ayuda a expandirse en el mundo. (Está bien, no a todos. Se ve claramente que George Clooney está contento con una novia treintañera cada cierto tiempo.) Y a menos que tengan alguna fuente de Feminidad en sus vidas (por ejemplo, si son surfistas y pasan mucho tiempo en el océano o si se nutren de un interés creativo, como estar en una banda), la gran mayoría la obtendrá de su mujer.

Esto también sucede en el nivel biológico. Si un chico derrama su semilla en, ehhh, el suelo, nada sucede. Sólo es un chorro de algo. Pero si la deposita en una agradable y seductora Fémina, bueno, nacen bebés. Los genes del chico llegan a la siguiente generación. Lo mismo sucede con el trabajo de un hombre, sea lo que sea que esté tratando de hacer en este mundo. Con una gran relación, un hombre se acopla con lo fértil Femenino y se vuelve capaz de lograr más que si estuviera solo. Éste es el significado esencial detrás del dicho: "Detrás de todo gran hombre, hay una gran mujer". La pregunta que debes responder ahora es: ¿cómo te conviertes en una mujer con una gran batería de energía Femenina?

Cómo tendrás que cambiar

Bueno, no tendrás que convertirte en madre, como yo lo hice, aunque ésa es una manera de cultivar tu lado Femenino. Lo que en realidad tratas de hacer es voltear tu batería del polo positivo al negativo al menos una parte del día. De manera ideal, tendrás que volver de lo Masculino a lo Femenino, dependiendo de cuál energía se requiera. Es como ser capaz de ser ambidiestro.

Te muestro tres simples formas de empezar a cambiar tu percepción sobre la Feminidad.

1. Eres una fuerza de atracción. ¿Quieres empezar a sentirte como una fuerza de atracción? Empieza viendo el tipo de personas, ideas y cosas que ya atraes. Por ejemplo, cuando estés en el almuerzo, haz el experimento. Permanece alerta mientras haces fila, te sientas y comes. Mira quién te mira. ¿Quién percibe tu energía y se siente atraído a ésta? Cuando sientas que atraes a alguien, hombre, mujer, anciano o niño, incluso perros y bebés, ¡sonríe! Confirma el hecho de que eres un ser atractivo. Disfruta la sensación. Recuerda, lo Femenino se siente. Funciona a nivel de emoción y sensación.

2. Eres una joya. Conforme empieces a sentir en realidad tu campo de energía de atracción, comienza a pensar en ti como una joya. ¡Porque lo eres! Tienes lo que todo hombre en el planeta necesita para satisfacer sus dos ambiciones: transmitir sus genes y construir algo en este mundo. Tienes que comenzar a verte como la fuente de esta poderosa energía. Esta energía es algo que construyes ("cargas", si quieres) a la par que desarrollas tu lado Femenino. Este premio también te prepara para acercarte a los hombres de una manera completamente distinta. Y ese algo es...

3. Deja que el juego venga a ti. En términos biológicos, tú eres el óvulo. El óvulo, como Eminem en su película autobiográfica, sólo tiene una oportunidad, así que mejor aprovéchala. Por esta razón, el óvulo tiene que ser muy selectivo para ver a quién deja entrar. De todo el esperma que intenta llegar a ti, el óvulo sólo quiere al "mejor" para hacer el trabajo.

La mujer centrada en su Feminidad comprende que su empeño en el óvulo es mucho, mucho, mucho mayor que el empeño del hombre en su esperma. Los hombres son fábricas de esperma: producen 56 millones de esas cositas cada día. Tienes un óvulo por mes, y si dejas que alguien lo fertilice, tendrás que invertir más de 18 años en ese óvulo. Claro que tienes que ser selectiva.

Por eso quiero que Valerie deje de andar por ahí actuando como si el esperma fuera el premio. El esperma es barato. ¡Los óvulos son el premio! Tú (y Valerie) no necesitas saber si un hombre está dispuesto a cogerte, es decir, donar su esperma. ¡Seguramente la respuesta es que sí! Lo que necesitas saber es ¡si ese chico está dispuesto a mandar tu óvulo a la universidad! Y si un hombre no se ha tomado siquiera la molestia de atravesar el cuarto para hablarte, puedes estar segura de que la respuesta es un rotundo no.

Por esta razón, de ahora en adelante, no tienes que facilitarle las cosas a un chico para que salga contigo. Te prometo que un chico que haya sido golpeado por un rayo intuitivo que dice que tú eres la elegida (la fuente de poder Femenino que necesita), moverá mares y soportará todos tus berrinches por estar contigo. Porque así son los hombres, una vez que piensan que quieren algo, no se les disuade fácilmente.

También déjame decirte esto: los hombres se sienten vigorizados (en el buen sentido) por una mujer que esté centrada en su Feminidad.

No sólo se trata de atraerlos. También tiene que ver con la forma en que te relacionas con ellos una vez que están en la relación. Lo Femenino lleva la batuta en el mantenimiento del hogar. Cuando tengo una sana relación con mi lado Femenino (que para mí significa cultivar mi relación con la tierra, la crianza, la creación de belleza y la expresión de emociones), todos están más armonizados en mi hogar y alrededores. Como la sabiduría popular dice: "Esposa feliz, vida feliz".

NO GUARDES SU NÚMERO

Cuando un chico me da su número y me pide que lo llame, asiento con la cabeza y sonrío dulcemente: "¡Ay! No llamo a hombres", digo tajantemente. Esto nunca ha fallado para atraer su atención. Suelen inclinar la cabeza y mirarme. Porque se dan cuenta de que hay algo distinto ahí. Algo a lo que no están acostumbrados.

También pienso que se sienten más atraídos al instante. No tiene que ser sexualmente; es más en el sentido de que un chico tiene que "inclinarse" para descubrir por qué no tengo intenciones de llamarlo. Nunca falla. Es cierto que a los hombres les gustan los retos, y cuando les dices que tendrán que hacer algo para ser siquiera considerados, sienten curiosidad al instante. Un chico podría estar acostumbrado a tratar con una mujer que esté habituada a tratar las relaciones de esta manera, pero casi todos reaccionan a esto.

Esto es el *yin-yang* de todas las cosas. Cuando estás en tu lado Femenino, un chico se alineará con su Masculino o se confundirá y alejará. Y si se aleja, bien. Porque no quieres pasar el resto de tu vida con un chico que haga el equivalente metafórico de darte su tarjeta y pedir que él te llame.

Consejos espirituales que te ayudarán a cambiar

Todo este asunto de lo Femenino parece gracioso, ¿verdad? Un chico se te acerca, pide tu número, te llama y ruega por una relación seria. ¿Qué podría haber de malo en eso? Bueno, no es tan simple. Porque, desde un punto de vista espiritual, todo se trata de acoger. Otra forma de decirlo es permitir. Lo que suena bien hasta que te das cuenta de que, cuando salen, significa que tienen que aprender una manera completamente distinta de hacer las cosas.

Cuando has salido con un chico por un mes y no te llama o manda mensajes por uno o (dios te libre) dos días, tu mente empezará a elucubrar un plan para ponerse en contacto. Si has estado en tu lado Masculino toda tu vida, parecerá extraño que no tomes cartas en el asunto. Después de todo, ¡sabes cómo hacer para que sucedan las cosas! Pero resiste la tentación. Recuerda que sólo necesitas saber una cosa: ¿cuánto te desea? ¿Lo suficiente para pagar la boda de tu óvulo?

A esto se parece tu lado Femenino en acción. Cuando conoces un hombre, tendrás que averiguar si te gusta. Sabrás si tú le gustas porque tratará de verte y ser visto por ti. Recuerda, ¡quiere empaparse de tu energía! Al principio podría titubear, pero, por lo general, si le gustas, se acercará directamente a ti. Y si lo hace, podrás practicar acogerlo: sus ideas, atención y forma de ser. Si has estado en el lado Masculino todo el tiempo, querrás ser tú la que dirige: decirle dónde se estacione, darle sugerencias sobre su carrera o darle tu opinión sobre su niñez.

En lugar de hacer todo eso, permanece en el lado receptor del subibaja. ¡Mira lo que sucede! El hombre te mostrará un lado de él que no habías conocido.

Cuando estés saliendo con un chico que realmente te agrade, las oportunidades para quedarte en lo Femenino llegarán a ti rápida y furiosamente. Porque, de cierta manera, las citas tienen que ver con cuán centrada estés en tu lado Femenino. Tendrás que deshacerte del hábito de tratar de ejercer control sobre los resultados (pero únicamente cuando se trate de tus relaciones; todavía podrás ser tan poderosa como quieras en tu trabajo). Si sientes que es una prueba, es porque lo es; una prueba para ver si puedes amarte más que a él, sin importar lo que suceda. Una habilidad esencial para la vida en común.

El mismo tiempo que estés desarrollando esta habilidad querrás observar al chico para ver cómo vive la vida. Porque, si te casas con él, ésa será tu vida. Como mi amiga estilista me dijo, los hombres no cambian. En realidad no. Podrían mejorar un poco o incluso bastante, pero si un chico es un labrador retriever, la única cosa que el matrimonio puede hacer por él es volverlo un mejor labrador retriever. (O tal vez uno peor.) Nunca se convertirá en un, digamos, doberman pinscher.

Conforme practiques el acogimiento y la recepción en las citas, sentirás una exquisita nueva sensación en tu cuerpo que se llama ser vulnerable. Esta sensación no se siente bien, no al menos al principio. Sientes como si pudieras salir muy lastimada, y a decir verdad, sí puedes. Si no haces nada para protegerte, como levantar barreras, ser sarcástica o tener sexo de inmediato (porque el sexo se siente poderoso y suele disminuir la ansiedad de ser vulnerable en la relación), podrías sentirte terrible. Podrías experimentar ansiedad y llanto además de un deseo enorme de abandonar la relación. ¡No te preocupes! Esto es una buena señal. Éste es el miedo a la intimidad que habías sentido todo el tiempo. Forma parte del motivo por el que nunca quisiste estar en tu lado Femenino: puede ser un reto ser vulnerable. Pero puedo asegurarte que te acostumbrarás y, conforme lo hagas, descubrirás este nuevo tipo de poder.

El poder viene de saber que el chico con el que estás, está contigo porque te ama y quiere estar a tu lado. Cuando te sientas cómoda en tu lado Femenino, cuando no trates de "lograr" algo con un hombre, lo Masculino te elige. Ya no cruzas la línea para cazarlo y matarlo, y puede sentirlo. Ésta es la esencia espiritual del compromiso: cuando alguien elige estar con otro. Porque tú eres el premio.

DE LO QUE TU NOVIO ESTARÁ MUY FELIZ QUE AHORA SEPAS

Resumamos lo que vimos en el capítulo 9:

- Actúas como un chico. Sí, está muy bien que ganes mucho dinero y ames a los Cardenales. Pero cuando a citas se refiere, empieza a verte como una fuerza de atracción.
- Eres una joya. No necesitas saber si un hombre está dispuesto a tener sexo contigo. Necesitas saber si

está dispuesto a atravesar el salón, pedirte tu número y después llamarte. Si no lo hace, no es tu hombre. Sigue adelante.

- No tiene que ver con hacer "de niña". Tener tu lado Femenino bien desarrollado no tiene que ver con vestir de rosa o ser menos. Se trata de estar centrada en un conocimiento profundo de ciclos, intuición, del otro tipo de poder creativo. Ya está ahí, sólo necesita ser desarrollado.
- Practica ser receptiva. Ámate a ti y a tu vida más de lo que lo amas a él. Confía en que obtendrás lo que necesitas.
- Sé vulnerable. Relacionarte desde tu lado Femenino puede ser aterrador. Estarás tentada a moverte hacia tu lado Masculino como defensa. ¡No lo hagas! No necesitas protegerte contra el hombre que quiera construir un futuro contigo; quieres unirte a él.

10. ERES IMPÍA
O SI PUDIERAS CAMBIAR SOLA, YA LO HABRÍAS HECHO

1. ¿Hay una parte de ti que se haya vuelto cínica sobre las probabilidades de encontrar amor?
2. ¿Hay otra parte de ti que, en lo profundo, cree que hay algo más poderoso que las probabilidades?
3. ¿Estás dispuesta a empezar a practicar esa creencia?

¿Recuerdas cuando dije que éste sería un libro espiritual? Bueno, aquí estamos.

Éste es el punto donde sugerí la cosa desquiciada que podría hacer que avientes el libro al otro lado del cuarto. O, espero, será la locura que ponga todo lo que hemos estado tratando en este libro en perspectiva, lleve esta jornada al siguiente nivel y, finalmente, te lleve hacia la relación (contigo, con tu chico) que deseas. Así que, ¿de qué se trata esta locura?

Quiero que creas en un dios. (Con "d" minúscula.)

Bueno, ya sé que dios está en una zona prohibida para muchos, pero a lo que me refiero con dios es a algo tan elástico y personal que casi todo el mundo (incluso la chica súper atea) puede encontrar uno.

Como esos vestidos de tubo que venden en la madrugada en la TV por 29.99 dólares y pueden convertirse en un *halter* o *strapless* o falda. El dios que se ajuste a tus necesidades y pueda cumplirlas.

Puedo asegurarte algo: no me refiero al tipo barbón en el cielo que te mira todo el tiempo, que te da un Mercedes y un esposo si eres buena, y te castiga si eres mala. Ése no sería dios, sería Santa Claus. Ni tampoco hablo de un sistema de creencias en particular: mormón, hindú, católico o cienciólogo. (A menos, claro, que así lo quieras.) Tal vez no te guste la religión en la que te criaron, o tal vez la ames y pienses que es fabulosa, la única para ti. De cualquier manera esta creencia puede acogerte. En primer lugar, la única razón por la que lo llamo dios es porque ésa es la palabra de la que todos, más o menos, conocemos el significado.

Un mejor término sería "espíritu". Es lo que te hace lo que eres, totalmente única. Algunos lo llaman Inteligencia Creativa. En la *Guerra de las galaxias* lo llaman la Fuerza. Otros piensan en él como el Ser Superior. En la filosofía oriental se conoce como Tao (el Camino). Vaya, ¡podrías llamarla Jessica! Sea cual sea el nombre, es el poder detrás de los océanos, la gravedad, el chocolate y los Beatles. Lo que hace latir tu corazón.

El espíritu pertenece a toda denominación y a ninguna, se encuentra por doquier. Es el motor que no sólo te conduce hacia la relación que estás buscando sino que también la conduce. Como he estado diciéndolo, en realidad no hay nadie perfecto allá afuera. Lo que hay allá afuera es alguien con quien compartirás el camino, alguien que lo caminará junto a ti. ¿Cómo sabrás quién es? ¿Cómo debería ser?

¿Qué pasa si alguien tiene defectos enormes, los cuales hacen que te dé miedo comprometerte? (Puedes estar segura de que éste será el caso. Después de todo, tú no eres perfecta, ¿verdad? Así que él tampoco.) ¿Por qué te arriesgarías a dejar tu gran apartamento con la renta congelada por un chico ordinario que no sólo apreciará tus defectos sino que también podría dejarte? Nada de esto tiene sentido.

A menos que decidas hacer de esto llamado relaciones algo mayor.

De qué se trata realmente

Lo que nos lleva a la esencia del libro: *amor.* El amor es lo que los humanos deben aprender en esta tierra, si realmente deciden buscarlo en la vida y mirar qué hay más allá del dinero y los premios. Amar a alguien es aceptar sus defectos. Casarte con alguien es darle el regalo de ser amado a pesar de sus defectos. Eso te incluye.

El amor significa posibilidades, y no me refiero a ellas como Hallmark lo hace. Quiero decir posibilidades reales. El espíritu es la solución para tu (supuesto) "problema" de soltería: ya sea que haya pocos hombres o que necesites "establecerte" con un hombre, o incluso si tienes los cascos un poco ligeros. El espíritu hace posible realizar cosas (después del capítulo 9 debes saber con más precisión lo que significa "atraer") que parecen imposibles, poco probables o en contra de todo pronóstico, al menos en lo concerniente a los demógrafos, los ejecutivos de publicidad o incluso a los biólogos. Te dirán que necesitas una pareja que tenga la edad justa o la belleza adecuada, o tenga el número adecuado de óvulos. Pero el espíritu dice algo más. El espíritu dice que eso puede ser cierto, pero no verdad. Hay una diferencia. Cuando el espíritu se involucra en tu vida amorosa, no hay más probabilidades. No hay más demografía. Sólo hay dos personas en una misión espiritual. Y el espíritu moverá montañas y hará lo imposible para que suceda. Sabes en lo profundo, en lo más profundo de tu corazón, que así es. Todos lo saben; por esa razón nunca nos cansamos de las historias de amor. Una historia de amor es un recordatorio de que lo imposible e improbable puede y de hecho sucede todo el tiempo. Quiero que te comprometas con ese conocimiento ahora mismo, porque tu compromiso es lo que lo volverá realidad.

Lo que nos lleva a otro tema fundamental de este libro: *transformación.* Perdón por la palabra, pero es la correcta en este caso. La transformación es el proceso para cambiar tu aquí y ahora (y tal vez sobre qué y quién has sido toda tu vida) en algo nuevo, en la forma que quieres que sea, la forma en que te dirigirás a la vida que anhelas. ¿Acaso no suena maravilloso?

El único "pero" de la transformación es: no puedes hacer que suceda así como así. Bueno, espera, algunas veces sí puedes, únicamente a nivel físico. Si haces 400 sentadillas, flexiones y *curles* de bíceps cada día por un mes, tu cuerpo se tornará musculoso. Pero trata de hacer esas repeticiones con, digamos, portarte como una bruja o ser muy celosa o querer salir sólo con chicos muy guapos. Tus sentadillas serán inútiles. Porque el poder de voluntad funciona cuando funciona, pero cuando no, no. Y cuando no lo hace, ¿qué debe hacer una hermana?

Ahí es cuando el espíritu entra en acción. Existe algo en cultivar y aprovechar el sentido de que existe algo más grande que todo en la tierra (cualquier cosa que se limita a los cinco sentidos) que puede hacer un cambio donde todo lo demás ha fallado. Es el mismo poder que dará vida a tu relación perfecta y tus bebés, sin importar cómo lleguen.

Hay, asimismo, algo más que consigues de dios: *significado.* Los significados le dan a tu vida y a lo que suceda en ella un sentido de significación o importancia. Hay quienes no necesitan significados. Para ellos, los significados parecen innecesarios o incluso indeseables, como el opio para las masas o algo por el estilo. Tal vez seas uno de ellos. (Tú sabes si lo eres.) La mayoría de mis amigos con maestría en filosofía son de este tipo. En su mundo, los eventos son aleatorios y eso está bien para ellos. No para mí. Me gusta cuando las cosas significan algo. Por ejemplo, en mi mundo, si te sentaras junto a mí en el departamento de control vehicular, algo estaría tratando de suceder en mi vida y te necesitaría para que empezara. Llegaste de súbito por una razón. Y la razón forma parte de lo que estaremos hablando. Tal vez incluso nos mantenga unidas de alguna manera.

Eso se debe a que cuando le das significado a algo, eso se vuelve una historia, y como ya debes de saber, me encantan las historias. Creo que todas las relaciones buenas necesitan una. Como lo dije antes, las historias muestran cómo el humano organiza sus experiencias. Esto es muy importante tratándose de relaciones. Sin una historia, puede ser más difícil saber por qué soportas las tonterías de un chico (no abusos, lo normal de todos los días), y puedo estar segura de que, en algún momento en los próximos 45 años de tu matrimonio, te preguntarás por qué sigues soportando sus tonterías.

Otro aspecto del significado es que tal vez se lo des a algo quieras o no. Muy pocas personas (exceptuando tal vez algunos de los locos que escribían cartas al departamento de noticias cuando trabajaba en la TV) creen que todo es aleatorio.

Si presionas a las personas, incluso a las que tienen maestría en filosofía, quizás admitan que les ha sucedido algo en la vida que les hizo sentir que había una fuerza mayor; algo más allá de lo que puede percibirse con los sentidos, tal vez incluso más allá de lo que puede observarse con el microscopio o telescopio más poderosos o una fórmula matemática. No todo puede explicarse, y mucho menos el matrimonio.

Por lo cual (entre el amor, transformación y significados), desarrollar un sentido de lo espiritual es la pieza final del rompecabezas para prepararse para el matrimonio.

NOTAS DE MI VIDA COMO UNA CASA QUE NECESITA SERIAS REPARACIONES

Durante las cuatro primeras décadas de vida, era como una casa que (por decir lo menos) necesitaba serias reparaciones. Una reparación mayor. Debajo de todas las capas de papel tapiz raído y alfombras acabadas, podías ver que había algo bueno ahí. Pero llegar ahí no era sencillo.

Además, remodelar mi vida, mi ser, parecía un trabajo extenuante. En ese momento de mi desarrollo espiritual, si no podía ver que algo sucedería, no podía creer que lo haría. Porque, después de todo, Ty Pennington y su equipo no iban a llegar a filmar un episodio de *Extreme Makeover Home Edition.* Para mí, ver era creer. Si no podía verlo, no podía creerlo.

Pero resulta que veía todo al revés. De hecho, creer es ver. Ahora, no quiero hablarte de El Secreto, pero realmente tienes que creer algo antes de que lo veas. Por ejemplo, imagina que inventarás algo. Como, no sé, un teléfono celular. Antes de que te sientes a armarlo, tienes que imaginarte hablando con él mientras caminas por la calle, y después tienes que creer que, en algún universo, sería posible hacerlo. Aunque hayas pasado tu vida entera tratando de acomodar un cable telefónico que se enreda en tus piernas mientras caminas por la cocina.

Una vez que te hubieras grabado esas dos ideas en la cabeza, podrías (o ¿lo harías?) empezar a ensamblar circuitos y conectores. E incluso entonces te llevaría años llegar a un prototipo, como el teléfono inalámbrico cuya señal sólo llegaba hasta el borde de tu jardín.

Esto fue verdad para mi evolución personal, desde la línea de salida, pasando por la relación inalámbrica, hasta donde me encuentro ahora, un lugar próspero. Y, si estoy en una relación o no, un lugar de amor propio.

Por qué Angie no está casada

Mi vida solía parecerse más a la de Angie: un buen ejemplo de una chica impía. De hecho, no era tan atea. Es que su dios apesta. Así se identifica al dios de alguien: es la persona, lugar o cosa a quien recurre cuando tiene problemas. Es lo que, para las personas, las consuela. Es en lo que piensan compulsivamente, pero no suelen admitirlo; sólo piensan que les llama mucho la atención. Es lo que nunca olvidarían al salir de casa para llevar con ellos.

Para Angie, eso son las relaciones. Cuando Angie no está con un chico (casi cualquiera serviría), se siente infeliz e inquieta. Cuando tiene una relación, incluso una mala, piensa que su vida es mejor. Puede soportar un mal día en el trabajo sabiendo que tiene un chico al que puede recurrir; como una copa de vino al final del día, un compañero (aun cuando no esté muy comprometido con ella, o no sea el adecuado) la calma y le devuelve su vitalidad.

No sólo eso, sino que cuando Angie está en una relación (incluso una mala), algunas de sus peores facetas disminuyen o desaparecen: deja de beber en exceso y no se nota su compulsión por la limpieza. Siempre dice que los hombres son buenos para ella, y, en cierta medida, es verdad. Al menos temporalmente.

Pero tiene 34 años y empieza a desgastarse, con ella y con ellos. Porque una relación es tan esencial para que Angie se sienta bien con ella misma, que siempre ha usado una táctica de rueda de la fortuna para acercarse a los hombres: mientras un chico se encuentra en lo alto apreciando la vista, ella está ocupada acomodando pasajeros en los asientos de abajo. En estos momentos, sin embargo, parece que hay menos hombres dispuestos a dar una vuelta con Angie, y eso la está afectando. Su vida le parece llana y aburrida. Ha considerado tomar antidepresivos. Se ha vuelto obvio que, para Angie, los hombres son más que un compañero: son más como un poder superior. Hacen lo que parece que Angie no puede hacer por ella misma, es decir, mostrar su versión más bonita: sus hermosas ventanas, pisos, cortinas, ella.

Así es como sabes que el dios de Angie son los hombres. Tienen el poder de hacerla sentir mejor, más viva, más todo. Admitir que eso es un problema es difícil, ya que prácticamente todo en nuestra cultura nos dice que el amor nos hará sentir más plenos, incluso si no lo estamos. Y, desde una perspectiva química, eso es cierto: el amor llega a través de hormonas poderosas y hace que las cosas se sientan como nuevas. La diferencia está en que, mientras la mayoría puede dejar que esa etapa termine y se mueva a la siguiente, Angie tiene que irse para encontrar algo más asombroso.

Y, para Angie, lo asombroso es un nuevo hombre.

ALGUNAS VERDADES RELEVANTES SOBRE LOS HOMBRES

A los hombres no les gusta ser el poder superior de las chicas. Los hace sentir aprensivos y por una buena razón. Primero, en su intuición, saben que si estás dispuesta a convertirlos en tu poder superior, también estarás dispuesta a reemplazarlos con el siguiente que te guste. También entienden que pensar en otro ser humano, un simple mortal, como tu fuente, es un tipo de desequilibrio mental, o al menos lo piensan cuando tu edad ya sobrepasó la adolescencia. Y al final, pero no por eso menor, los chicos saben que cuando los conviertes en tu fuente, harás lo que la gente suele hacer por el poder superior: cualquier cosa. Y esto es en verdad escalofriante.

Ningún chico quiere estar con una mujer que hará cualquier cosa para estar con él, porque, en la práctica, "cualquier cosa" significa que tal vez vayas a lloriquear a su puerta o mudarte por accidente al apartamento de al lado, después de que él termine la relación. También podría resultar en emprender acciones drásticas para cualquier cosa, como embarazarte o reenviar a su jefe o su mamá los correos que te mandó. Y ningún chico quiere eso. Lo que los hombres quieren es confiar en ti. Y si no puedes vivir sin un hombre, tendrás que ser tan confiable como una participante de Miss América en la sección de preguntas del certamen.

Lo que te hace confiable es cuando tienes la noción, a nivel espiritual, de que él no es tu hombre. En la discusión del capítulo 9 sobre lo Femenino, hablamos sobre cómo un hombre se acopla a tu polo Femenino (literal y metafóricamente) para expandirse en el mundo. Ese poder viene de tu conexión con tu fuente. No puede venir de él. Tener tu propia fuente también cambia el pH en una relación en tres importantes aspectos: *1)* un chico sabe que estarás bien sin él; lo que significa que: *2)* sabe que debe ser bueno contigo porque no tendrás problema en dejar su pobre trasero si no es bueno contigo. Pero, por encima de todo, tal vez, *3)* cuanto más grande sea tu fuente, mayor será la probabilidad de que se convierta en tu compañero.

Esto es la cosa "intangible" que hace que los hombres escojan una mujer en particular como su compañera. No por lo bonita que seas, ni porque vengas de buena familia, o hayas ido a una buena escuela. Todo esto está bien, pero no son los factores cruciales en un buen matrimonio. Es cuando, en una relación, un hombre tiene tanta certeza de que podrá expandir su ser para convertirse en lo que desea, que está dispuesto a comprometerse. Y cuando tienes algún tipo de poder superior, tienes más posibilidades de estar en un lugar donde eso pueda suceder.

Cómo tendrás que cambiar

Durante nueve capítulos he estado hablando sobre los aspectos en los que tienes que cambiar. Y ahora hemos llegado a una especie de pregunta circular: ¿cómo cambias... para que puedas cambiar? Ya hemos establecido que si sólo tuvieras que tronar los dedos para hacer que suceda, ya podrías haberlo hecho. Si la gente pudiera hacerlo, no habría deseos cumplidos en un programa como en *Hechizada*. No nos habríamos interesado en una linda rubia que podía vivir al lado y que con mover su nariz cambiaba de atuendo o limpiaba la casa, o, si fuéramos nosotras, tendríamos la habilidad para ser más agradables de lo que nos sentimos o dejar de tener sexo con chicos que no nos aman. Las actitudes que hemos repetido por años, tal vez décadas. Pero el hecho es que la mayor parte del tiempo los humanos solemos atorarnos en la manera que somos hasta que, de alguna forma, algo permite que cambiemos.

Y lo que propongo es que a ese algo que nos permite que la transformación suceda voy a llamarlo (por cuestiones prácticas) dios. O, con más precisión, *diosespíritulollamo.*

Entonces, ¿en dónde consigues uno de ésos? La buena noticia es que tú puedes crear uno. Gratis. Empezando ahora. Los detalles de esta fuente dependen de ti; es como los fascículos de ármalo tú misma. Créalo a tu gusto. Tú decides cómo conceptualizarlo, cómo se siente, qué cualidades tiene y qué puede hacer por ti. La única advertencia es que tendrás que asegurarte de emplear la versión que se vende con receta, no la que puedes tomar del aparador. Tienes que entender una fuente que tenga suficiente poder para lograr que la transformación suceda. Lo cual no es tan difícil.

He aquí algunas cualidades que me gustan en un espíritu. Siéntete libre de tomar cualquiera de éstas o inventar las tuyas:

1. Muy agradable. Una abuela es agradable. Nunca me castiga ni trata de enseñarme lecciones dolorosas. Nunca me truena los dedos ni nunca tengo que ser muy cuidadosa; puedo quitarme el cinturón de seguridad y moverme libre por la cabina de la vida. Y también puedo tropezarme.

2. Muy poderoso. Puede quitar cualquier mancha, sin importar cuánto lleva ahí. Puede mover rocas que bloquean mi camino (interior y exterior), incluso si son del tamaño de Connecticut.

3. Compasivo. Piensa que soy adorable aun cuando estoy arruinando todo. Siempre me da otra oportunidad. Nunca emite juicios de valor, ni siquiera cuando ambos sabíamos que mi última debacle iba a tornarse en una, bueno, debacle.

4. Conoce a todos. Puede introducirse de la manera más sorprendente y hacer que las cosas más increíbles sucedan. Puede hacer que se aparezca un chico lindo que conocí la semana anterior en un lugar inesperado.

5. Sanador. Como la porrista en la serie de TV *Héroes*. Salvo que podría llevar más tiempo, el cual uso para desarrollar la paciencia y otras facetas de mí que necesitan crecer.

6. Se encuentra justo donde estás. Incluso en el odioso evento al que tengo que asistir. Incluso en las Vegas. Y, lo más importante: mi fuente no me dice que si no puedo llegar a donde quiero, enviará ayuda. Siempre está conmigo, ahora mismo.

7. Amoroso e indulgente. Quiere lo mejor para mí, incluso si es difícil verlo en ese momento. No guarda rencores.

8. Controla la situación. Sabes que pueden mandar una nave a Marte y llega 12 años después justo a tiempo, ¿verdad? Es porque mi dios es predecible. Las cosas funcionan de acuerdo con un horario, lo que me gusta ver como un plan que incluye mi vida.

9. Es como Twyla Tharp. Mi espíritu es un coreógrafo genial. Las olas se mueven con la marea, la cual mueve a la

Luna y ésta se mueve con el Sol. Y todo eso sucede cuando veo las repeticiones de *Seinfield,* comiendo golosinas.

Una vez que tienes Algo Grande, comienza a conocerlo. ¿Cómo lo haces? Bueno, antes que nada, empiezas a verlo por doquier. Verlo en todas partes es así: cuando tengas una canción metida en la cabeza, prende la radio y estará sonando. Cuando por alguna razón pienses en tu mejor amiga de sexto año, entra a Facebook y te habrá solicitado ser su amiga. O cuando hables sobre Perú, el chico con el que saldrás esa noche escoge un restaurante peruano. Empiezas a buscar, y ver, que todo está relacionado. Porque Eso Grande es la interconexión.

No tienes que vivir en un mundo mágico donde pienses que todas las coincidencias son evidencia de que existen extraterrestres, o que tengas que leer tu fortuna en la placa del auto de adelante, o que tengas que creer que te comunicas telepáticamente con el chico apuesto del departamento de compras. ¡Tienes que permanecer centrada!

Pero cuando comencé a observar con atención y, en especial, a sentir que las cosas que parecían incidentales cuadraban, me di cuenta de que las llamadas coincidencias suceden a lo largo de todo el día. Después de un tiempo, se volvió obvio (al menos para mí) que las probabilidades son tan parecidas a sucesos como cuando te ocurren cuatro "coincidencias" en un periodo de 36 horas que tal vez no eran en realidad coincidencias.

Lo que me llevó a concebir la vida de otra manera. Para un asunto, comencé a formular una nueva pregunta: ¿qué tal si lo que me sucede no es aleatorio? ¿Cómo podría saberlo? Preguntarme esto, en especial cuando de citas se trataba, me forzó a ir más a fondo. Por ejemplo, si asumo que un chico no me llama porque es parte de la interconexión, y no creo que haya algo malo conmigo, de pronto se vuelve más fácil aceptarlo. Como dije antes, cuando hay un orden superior en tu universo, sabes que tu hombre indicado no puede escaparse. Si es tuyo, lo sabrás, porque irá contigo a terapias incluso el lunes a las 8:30, o a sacar tu basura aunque no se lo pidas.

Una vez que conozcas tu Gran Asunto, lo próximo que sucede es que invitas a formar parte de tu vida a esta cosa llamada interconexión. Digamos que conoces a un chico súper apuesto en un evento de caridad. Sin problemas, le preguntas a tu amiga por él y tal vez le pides que haga un poco de investigación. Pero no necesitas perseguirla los dos próximos meses para preguntarle si se enteró si le gustaste. Ni siquiera tienes que revisar su perfil en LinkedIn. Porque, además de husmear un poco sobre él en este plano terrenal, ahora tienes tu poder superior. Tienes que decir: “Querido Ser Superior, si quieres que conozca a ese chico, ¡haz que suceda!” Después lo dejas de lado y confías en tu conocimiento de que si ese chico es tu hombre, lo sabrás porque irá a buscarte y te llevará a un paseo. Y si no es, no significa necesariamente que nunca lo sea, sino que hoy no es tu hombre. Y vivir en el ahora es la única forma de sentirse vivo.

Cuando lo practicas por primera vez, lo que podría emerger es el miedo de que si no haces algo, cualquier cosa (al menos revisar eHarmony.), no conseguirás a este chico (o cualquier otro) y terminarás sola. Ahí es cuando la confianza entra en acción. Es obvio que no tienes el poder de hacer que pongan una canción en la radio. Podrías intentarlo durante todo el día y tal vez nunca la pondrán. Pero de alguna manera el universo sí lo hace. Sabes que lo hace porque todo el día miras cómo todas las cosas están interconectadas. No es posible que exista una telaraña de interconexiones en el mundo y no formes parte de ella. Quiero decir, ¿no formas parte de la gravedad? Sabes que hay gravedad donde estás, así que también podrías creer que las interconexiones te afectan.

Hay otra palabra para esto: *estás dispuesta*. La disposición es la clave para la transformación. ¿Por qué? Porque desear algo puede llevarte a una puerta, pero la disposición la abre. Veamos el ejemplo de estar casada. Te gustaría una pareja maravillosa. Pero en una revista descubres que no hay más buenos hombres en tu estado. Aparentemente, alguien ha tocado en cada puerta y descubierto que los buenos ya están casados, son homosexuales o se han mudado a Puerto Rico. (Éste es un ejemplo ridículo, pero, una vez más, no tanto, porque parece que leo este artículo muy a menudo.) Justo ahí es donde tendrás que tener más disposición. ¿Estás dispuesta a materializar a tu marido, tal vez como resultado de un milagro o poder superior? Quiero decir, ¿puedes aceptar que quizás un chico, tu chico, perdió su vuelo a Puerto Rico y está por atravesar la puerta del café en el que estás sentada ahora mismo? E incluso si no puedes creerlo en los siguientes meses, ¿estás dispuesta a creerlo durante los próximos cinco minutos?

Si no, tu otra opción (y sí es una) es rendirte. Entonces habrás cerrado tu corazón. Te proteges contra las decepciones al clausurar la posibilidad de conseguir lo que quieres. Esto es lo que hacen varias solteras y, por esa razón, algunas veces parecen dolidas o enojadas. El corazón se cierra y puede percibirse una tensión en la persona que ha cerrado su corazón y en la que está hablando con ella.

Sólo quiero que sepas lo siguiente: si sientes que nunca sucederá algo, eso no prueba nada. Únicamente es una señal de que tu disposición se ha escondido tras las nubes y necesitas abrirte a esa posibilidad una vez más. Una y otra vez.

Lo cual nos conduce al gran final y asunto del libro. ¿Estás lista?

Consejos espirituales que te ayudarán a cambiar

Si hay una cosa con la que quiero que te quedes de este libro, es que pienses en el matrimonio como un camino espiritual. Requiere práctica, la práctica de amarte a ti y a tu hombre. (Y más adelante a tus hijos, si los tienes, y a los otros miembros de tu familia y tu comunidad.)

Tu habilidad de seguir abriendo tu corazón ante la adversidad (interna y externa) será la base de tu matrimonio. Esta vida de práctica no necesariamente empieza cuando dices "sí, acepto". Algunas chicas tienen que aprenderlo para poder casarse. Algunas otras (como yo) tienen que aprenderlo para quedarse con un matrimonio. Por último, algunas otras nacen sabiéndolo. (Qué maldita suerte tienen, ¿verdad?) Sólo es cuestión de cómo y cuándo empiezas. Todos lo hacemos en algún punto.

La práctica, sumada a la disposición, sumada a la fuente (tu ser superior), te ayudará a sortear cualquier obstáculo que se interponga en el camino de convertirte en la persona que quieres ser y, por lo tanto, allanar el camino para que la vida que añoras se vuelva realidad.

Una manera en la que imagino estas tres cuestiones juntas es que son unas ruinas mayas. Después imagino lo que estoy tratando de dejar ir. Supongamos que es mi miedo al abandono, algo serio para mí. Tomo mi abandono y mi miedo y los coloco entre mis manos (de la misma forma en que los mayas podrían haber tomado una gran canasta de mangos), y subo los millones de pequeños escalones de la pirámide que conducen al lugar donde dejas tu ofrenda al dios sol, o lo que sea. Y aunque es muy difícil abandonar esa gran canasta de mangos (porque, en mi mente, el miedo al abandono me mantiene a salvo de quienes quieren lastimarme; por lo tanto, para mí es un gran problema dejarlo ir), estoy dispuesta a dejarla ahí, porque, de ahora en adelante, voy a dejar que mi espíritu conduzca mi vida. Toda.

Así, la única razón por la que estoy dispuesta a hacerlo es porque tengo 47 años, y manejarla yo misma no ha funcionado. He tratado hasta más no poder. Me provocó tres divorcios y varias caídas dolorosas. Así que, por fin, estoy dispuesta a detener el largo experimento de manejar los retos de la relación a mi manera y tratar algo más.

Sé que tal vez estés preguntándote cómo te ayudará a cambiar algo el visualizar mangos y ruinas mayas (parece una pérdida de tiempo, ¿verdad?), pero sé por experiencia que, una vez que el cambio interno suceda, así lo hará la transformación, y eso no sucederá hasta entonces. Todo se trata del cambio interno. No importa cómo llegues a ese cambio interno; podrías intentar desde un baile espiritual, pasando por la meditación hasta trabajar como voluntaria en un basurero. Eso es personal; algo que concuerda con el florero que decoraste para las flores que plantaste. Lo que sé es que, si continúas comprometiéndote con el cambio entero, éste sucederá. Parafraseando la película de beisbol, si lo construyes, llegará el cambio (aunque probablemente no con un joven Kevin Costner).

Algunas personas piensan en dios como amor. Es una definición muy bonita para transformarte porque te ayuda a suavizar las áreas que necesitan lijarse, en las que necesitas cambiar. Por ejemplo, te permite pensar en las razones que te mantienen soltera únicamente como lugares en tu vida que están fuera de servicio; como cuando estás sentada a la mesa y el cuchillo está fuera de lugar y la cuchara está un poco torcida. Eso no evidencia ningún defecto mayor en ti. Sólo te muestra los lugares donde necesitas ordenar algo.

Es casi probable que puedas decir que cada una de las razones por las que no te has casado se origina en el miedo. Miedo a no conseguir lo que necesitas. Miedo a que perderás lo que tienes. Lo maravilloso del amor es que es el antídoto contra el miedo. Si miras los lugares en los que sientes miedo, y proyectas una luz amorosa sobre ellos, comenzarán a cambiar.

Cuando estés más concentrada en el amor que en el odio, te verás más grácil sin esfuerzos. Sabes que te cuidan, así que no eres codiciosa ni frívola. No hay necesidad de mentir, porque no estás preocupada en mantener a alguien en tu vida que no pertenezca a ella. Ni siquiera piensas más en ese tipo de cosas. Sabes que tienes lo que necesitas; como un girasol en un campo, todo lo que tienes que hacer es mirar en dirección al sol. No te aferras a nada. Ahí está y tú estás en él.

Dicho lo anterior, sabes que habrá retos en tu camino hacia la transformación. Cambios que te dificultarán permanecer en el camino. Los dos más grandes son:

1. Cuando parece que no puedes cambiar.
2. Cuando en realidad has cambiado, pero todavía no consigues lo que quieres.

Estos aparentes problemas tienen la misma solución: más práctica. Incluso cuando parezca que nada sucede, y tu mente te diga que el cambio no llegará o tu vida deseada no sucederá, es responsabilidad tuya (y de tu futuro esposo) volver a enfocarte en tu fuente. Una y otra vez.

Una y otra y otra y otra vez.

Habrá momentos en los que no puedas imaginar que tus deseos sucederán. (También llamado pérdida de la fe.) No te preocupes. Lo que desea tu corazón no se ha ido. Nunca lo ha hecho. Sólo está temporalmente escondido. Tu misión es seguir regresando al sí.

Sí, acerca de ti. Sí, acerca de él. Sí, acerca de todo el maldito mundo, en realidad.

He aquí el detalle bonito. Éste es el proceso que harás como esposa. Te quedarás en el "sí", sin importar lo que caiga de la cumbre de tu matrimonio. En la salud y la enfermedad. En la riqueza y la pobreza. Para bien o para mal. Tú serás el principio Femenino, acoplado a algo mayor que la cuenta de banco, los resultados de las pruebas, los tiempos difíciles y la cabeza llena de cabello.

Lo dominarás. Serás la dicha entre los que te conocen. Serás la luz de sus vidas. Será todo tipo de cosas buenas y maravillosas, y la gente se sentirá atraída hacia ti. Y antes de que te des cuenta, estarás por ser la esposa de alguien.

Justo como me lo imaginaba.

Lo que ahora sabes

Resumamos el capítulo 10:

- Eres impía. Cultiva un sentido de fuente que pueda traer cambios en ti y tu vida, incluso donde todo lo demás haya fallado.
- Constrúyete a ti misma. Tu espíritu puede ser lo que quieras que sea. Dale las cualidades que te gustan; no te limites por las definiciones de dios con las que has crecido o las de los demás. Esto es algo muy personal. No tienes que justificarlo con nadie. Y grábate que tu definición de espíritu puede crecer y cambiar constantemente, a la par que tú lo haces.
- No hagas de los hombres tu poder superior. No quieren el trabajo; además, son malos para ello.
- Muestra disposición. Es la clave para cambiar. Considerar que lo difícil o imposible puede suceder es una opción. ¡Elígelo! La única otra opción es cerrar tu corazón. Y si eliges cerrarlo (incluso si lo haces sólo con los hombres, mantenlo abierto para, digamos, los perros de bolsillo), dejarás de lado lo que tal vez es la mejor oportunidad para expandirte como ser humano.
- Comienza a practicar. El matrimonio es un camino espiritual. Es la práctica de ser amoroso; amarte a ti y a tu hombre. Y no empieza cuando la gente te lanza arroz y sube a YouTube un lindo video de su primer baile. Comienza ahora. Así que, ¡ve por él!

EPÍLOGO

Claro, conocí a un chico. A un mes y un día de que se publicara por primera vez en el *Hunffington Post* mi artículo "Por qué no estás casada", estaba sentada en una cafetería/librería escribiendo en mi computadora cuando se sentó mi lado, tenía barba y una canasta de lavandería vacía. Empezamos a charlar. En la media hora que siguió, hablamos de hormonas masculinas, oxitocina, mi papá el criminal, su papá el veterano de Vietnam, mi mamá la prostituta y su mamá la espiritualista, y después de que se había vuelto claro que su ropa se había secado hasta tostarse, y era tiempo de partir, me pidió mi número de teléfono. "Tenemos que seguir esta charla", dijo. Me envió un mensaje de texto esa noche, y al día siguiente dimos una caminata de tres horas.

Nos enamoramos. Formamos una relación. Eso fue (en el tiempo que lo escribía) hace ocho meses. Es muy inteligente, representa un reto (en el buen sentido) y no acepta nada de mis tonterías. Una *trifecta.*

Y esto es lo que descubrí: ¡soy todo lo que dice este libro! Claro, ya lo sabía, pero todo parecía más teórico cuando estaba soltera. Y había estado así por un largo tiempo...

Desde hace seis meses, he estado escribiendo esto mientras lo experimento. Y también ha estado viviendo conmigo, dios bendiga su corazón. Porque no ha habido ningún segundo malo en el día. Algunas veces he tenido rímel escurriendo por mi cara, y él el pelo como un nido de ratas. En otras ocasiones ha sido sublime, algo fabuloso, sorprendente, que quita el aliento, algo que no se parece a nada que haya experimentado.

En otras palabras, ha sido real. Sólo somos dos individuos que viven la vida. Tenemos esperanzas, miedos, sueños y nuestros buenos y no tan buenos momentos. Sobre todo, contamos con nuestra disposición para amarnos un día más, justo donde nos encontremos. Es un regalo, en serio.

¿Y sobre el matrimonio?

A los ocho meses en una relación es muy pronto para decir. Pero puedo afirmar lo siguiente: estamos hablando de ello.

AGRADECIMIENTOS

Antes que nada, quiero expresar cuán agradecida estoy con las mujeres (y hombres) que me han abierto su corazón y compartido sus historias. El mundo cambia cuando una persona habla con honestidad y quien lo escucha lo hace con su alma. Sólo puedo esperar que este libro (a pesar de la irreverencia y malas palabras antes mencionadas) honre las conversaciones que he tenido a través de los años en una forma que traiga un poco más de amor a este mundo. Gracias por dejarme ser parte de tu camino.

Quiero agradecer a mi editora, Pamela Cannon, y a todo el equipo de Random House/Ballantine, por hacer de escribir este libro todo un placer. Chicos, son como una gran esposa: me apoyan, dan fuerza y siempre me hacen pensar que me salgo con la mía.

Me gustaría también agradecer a mi equipo en WME, en especial a mi agente, Andy McNicol, por sus fantásticos instintos. Y también a Nancy Josephson, Tom Wellington, Kirby Kim, Simon Faber y Adriana Alberghetti; estoy muy agradecida por su apoyo y representación. Siempre están ahí cuando estoy lista para expandirme y no puedo sino agradecérselo. Un agradecimiento muy especial para Arianna Huffington y Roy Sekoff del *Huffington Post*, por darme un espacio para decir lo que realmente pienso.

Este libro no sería lo que es sin ustedes. Asimismo, quiero agradecer a Hallie Seegal y Sara Wilson por ser unas editoras tan inteligentes y observadoras.

También tengo que agradecer a Jill Soloway por muchas razones.

1. Por crear *Sit'n Spin*, los fascículos donde escribí originalmente el ensayo "Por qué no estás casada". Esa noche cambió mi vida como escritora.
2. Por ser una gran amiga y mentora.
3. Por recordarme de lo que se trata realmente: servir a los demás. Este libro no existiría sin usted, señorita.

Quiero agradecer también a Carrie Byalick, Molly Kawachi, Victoria Lent y toda la pandilla de ID PR por ser tan geniales. Sólo diré esto: señoritas, ustedes solas están resarciendo con la mano en la cintura mi niñez desastrosa.

Todo mi amor y gratitud para mi hijo quinceañero. Eres fabuloso. Me inspiras. Y, como cualquier padre, todo lo que puedo hacer es disculparme y esperar que un día, tal vez con un poco de suerte, después de que pases los 35, pienses que haberme tenido como mamá no fue tan malo.

Y, por último, Luke, todo mi agradecimiento. Mis respetos por tu paciencia, coraje, sabiduría y amor. Has vivido cada minuto de este libro conmigo, y estuviste a mi lado en todos los profundos lugares a los que este libro me ha llevado. ¡Eres un héroe! En el proceso me has dado el mejor regalo: la oportunidad de amar más y mejor. No tengo palabras para expresar mi gratitud. Te amo.

Por qué no te has casado... aún, de Tracy McMillan
se terminó de imprimir en Julio de 2013
en los talleres de Litográfica Ingramex, S.A. de C.V.
Centeno 162-1, Col. Granjas Esmeralda,
C.P. 09810 México, D.F.